白居易诗传

唐诗是一曲风流4

薇薇/著

时事出版社

图书在版编目(CIP)数据

唐诗是一曲风流.4,白居易诗传 / 薇薇著.—北京:
时事出版社,2015.1

ISBN 978-7-80232-798-6

Ⅰ.①唐…　Ⅱ.①薇…　Ⅲ.①白居易(772~846)-传记
②白居易(772~846)-唐诗-诗歌欣赏　Ⅳ.①K825.6　②I207.22

中国版本图书馆CIP数据核字(2014)第301816号

出版发行:时事出版社
地　　址:北京市海淀区万寿寺甲2号
邮　　编:100081
发行热线:(010)88547590　88547591
读者服务部:(010)88547595
传　　真:(010)88547592
电子邮箱:shishichubanshe@sina.com
网　　址:www.shishishe.com
印　　刷:北京建泰印刷有限公司

开本:880×1230　1/32　印张:8　字数:140千字
2015年1月第1版　2015年1月第1次印刷
定价:29.80元
(如有印装质量问题,请与本社发行部联系调换)

序言

时间铸成一道道高墙，搭建一个个伟岸的时代。然而，诗歌的力量却能穿透时光的城墙，隔着千百年的风月，为我们传送智慧之光。

诗歌是生长在中华文明血液里的分子，承载着时代的悲欢，承载着诗人的灵魂。当诗歌的文明，吹拂着繁盛的大唐岁月时，一段段绮丽的传奇应运而生。而在纷繁的传奇中，一定有一片天空，属于那一位伟大的诗人——白居易。

有人称他是“诗魔”，有人称他为“诗王”，只因他伟大的生命，不仅照亮了盛唐的一片天空，更是照亮了千百年后人们的心房。人们不会忘记《长恨歌》中缠绵悱恻的传奇，也不会忘记“犹抱琵琶半遮面”的动人画面，更不会忘记卖炭翁“心忧炭贱愿天寒”的心酸等等。他将锋利的笔端，伸向了整个时代：帝王恋歌、大唐山河、百姓疾苦、美人美景……时代的声色在他笔下被一幕幕地还原。而他一生波折的命运，又或许只为成全他的笔墨，成就一段不朽的奇谈。

幼年的美妙年华，少时的颠沛流离，成长中的艰苦，而后奔走仕途的坎坷，曲曲折折的一生，亦是难以摆脱古代文人的命运：怀才不遇的窘境，不被懂得的失落，仕途偶有高企的转折，却不过是一场镜花水月，终归寂寞。

然而伟大诗人却并未沉寂在自我的伤痛与落寞之中，而是把敏感的触觉伸向内心、伸向周围、伸向时代，谱写出一段段动人的诗歌。

少年得志，青年入仕，中年贬谪，将老归隐。他走了传统的文人路，却创造了独一无二的传奇。

诗人最终在香山归去，但诗人的传奇却从未终止，而是随着他的诗歌代代流传，在人们的记忆里历久弥新。

于今时而言，千百年的风雨，不过转瞬之间。并非时光浅薄，而是诗歌拉近了我们与历史的距离。我们在多年后仍可以咀嚼曾经的传奇，把握历史的脉搏。

目录

CONTENTS

第一章

青葱：书香满屋沁心脾 才华横溢少年郎

看着触目可及的战争，回想曾经的生活。少年的心中涌动着一种难以名状的辛酸。而正是这种悲伤，在他心中重新燃起了希望。他希望自己能够像青草一样，为百姓、为国家，带来一片新绿。

第一节

野火烧不尽，春风吹又生

茫茫草原，秋风瑟瑟。深绿色的小草摇晃着身躯，带着欢乐与忧伤，披上枯黄色的外衣，渐渐步入了花甲之年。春夏秋冬、阴晴圆缺，一切都是轮回，都是大自然的杰作。没有永恒的生命，只有看不到尽头的时间。随风而去的种子，不知将洒向何处，在何处生根发芽，又在何处归去。

此时，一个十六岁的少年，饱读诗书，胸怀天下。寒窗苦读数十载，只是为一朝可以走上仕途，为朝廷效力，成为百姓爱戴的好官员。光耀门楣、名垂青史，那将是何等的辉煌与荣耀。肩负着这样的责任和使命，他不断地鞭策自己，希望能够实现自己的抱负，报答家人的殷殷期盼。

因此，当离别的思愁与梦想交缠在一起，他便挥笔写下了传颂千古的诗篇。

离离原上草，一岁一枯荣。野火烧不尽，春风吹又生。

远芳侵古道，晴翠接荒城。又送王孙去，萋萋满别情。

——《赋得古原草送别》

熊熊的火舌旋转着刚劲的舞步，踏上这已经枯槁的草原，一场猛烈的洗礼，钻心刺骨的疼痛，这是摧毁万物的力量，这是一种没有生命气息的凄凉。

寒冬冰封了整个世界，没有人知道厚厚的白雪下面沉睡的是什么。那是希望的种子，等待召唤的生命。一丝丝春风轻柔地抚摸着大地的身躯，透过千千万万的小孔，慢慢地渗进了大地的心里。这柔软的情、温暖的爱，唤醒了大地沉睡的记忆和蕴藏的生命力。

不同的视角，亦是不一样的生命图腾，开始意味着结束，结束预示着新的开始。弯弯曲曲的古道两旁长满了青青的小草，互相依偎着，像团结奋进的战士。千军万马，浩浩荡荡，蓝天、白云、青草连成一片，远处的城池显得那么沧桑、荒芜。这是一种苍凉的美好，寂寥的忧伤，就像诗人此时的情绪。

离愁别绪汹涌在心头，一次次的团聚，一次次的别离，让他尝尽离愁滋味。可男儿志在四方、心怀国家，其天生的使命就是报效朝廷、光宗耀祖。

只是，男儿也有柔肠，正视远方的苍穹，渐渐变得模糊，亲人、朋友却依然清晰。送君千里终须一别，还是不忍离去，一直远远地眺望，心里开始默默计算再次团圆的日子。路边的草儿开始随风摇曳，变得格外壮观，他们像是读懂了人类的眷恋和无奈，希望着今日离别的人儿能够早日团聚。

那是一个青涩又热血沸腾的年龄，没有经历世俗的洗礼，只有圣贤书的教诲在心中久久回荡。每个受过诗书熏陶的男人，不论是文雅的儒生，还是放荡不羁的浪子，都有着搏击长空、名垂青史的豪情壮志。治国、安邦、平天下，金戈铁马驰骋沙场的豪迈，保家卫国的壮志，才是男儿血性本色。

看着触目可及的战争，回想曾经的生活。少年的心中涌动着一种难以名状的辛酸。而正是这种悲伤，在他心中重新燃起了希望。他希望自己能够像青草一样，为百姓、为国家，带来一片新绿。

此时，这个即将面对离别的少年，就是白居易。白居易，字乐天，号香山居士，其一生作品形式多样，题材广泛，是中国文学史上负有盛名且影响深远的诗人和文学家。

白居易出生于官宦世家，祖辈都在为朝廷效力，一心为君主分忧，为百姓造福。他深受祖辈影响，一生忧国忧民。

生在一个动荡的年代，饱受战乱的摧残与折磨，这也使他更加渴望国泰民安，百姓安居乐业。

白氏的祖籍，远在山西太原。那是一段要从秦始皇说起的渊源。他的先人白起，受奸人所害含冤而死。当一切水落石出后，秦始皇对其有愧，便赐太原于其子白仲。至此，白氏便与太原这片土地结缘。

后来白家为了躲避战祸，举家搬到了河南郑州的新郑，但是他们仍以太原人自居，白居易的童年就在这个地方安然度过的。

那里有他的亲人，却常常是少了父亲的身影。因为父亲在外做官，很少回家，所以教导兄弟几人的多是母亲。白居易也曾经回忆说："及别驾府君即世，诸子尚幼未京师学；夫人亲执诗书，昼夜教导，循循善诱，未尝以一呵一杖加之。十余年间，诸子皆以文学仕进，官至清近，实夫人慈训所致也。"

白居易和兄弟的教育是由母亲以及外祖母负责，母亲对他的期望非常高，所以向来都很严厉。从《三字经》到"四书五经"，从诗词歌赋到仕途学问，母亲没有让他错过任何有用的书籍以及历练。白居易与母亲之间的关系非常亲近，她不仅是带给他生命的人，还是教他知书明理的启蒙老师。

白居易三岁时，便跟随母亲学习写字。五岁时，白居易已经开始学习赋诗。那一年，白居易有了一个可爱的弟弟——行简。就这样，兄弟俩在母亲的呵护下，快乐地成长起来。

虽然父亲并未过多地参与他童年的时光，但是白居易一直对父亲敬仰有佳。

记忆里，父亲一直是一个威严的角色，他有些畏惧，但更多的是崇拜。男孩的成长历程里，父亲的角色不可或缺。后来，他没有迟疑、没有犹豫，毅然走上了仕途，并一生为此奋斗，就是因为在他心里，一直向往成为一个好官，就像自己的父亲一样。

而白居易的祖父白鍠，“善属文，尤工五言诗”，是当时有名的文人。虽然官阶不高，但为官清廉，广受爱戴。

所以，长辈们的品格与血脉流传到他的骨子里，促使他走向人生的征途。白居易曾有过了一段美好的年少时光。然而，那些美妙的时光像风一样，转眼便被命运吹散。

大历八年（公元773年）五月三日，祖父病逝于长安，父亲白季庚辞官回家丁忧居丧。在那段时间白家人终于团圆。只是三年时间一晃而过，父亲服丧期满，被调至宋州司户参军，并于德宗建中元年（公元780年），授彭城（即徐州）令。那时的白居易只有五岁，虽然不舍得父亲离开，却只能注视着他远去的背影。

父亲再度远行为官，守护大唐江山。然而，长达八年之久的“安史之乱”刚刚平息后，这个曾经鼎盛的王朝已经开始颓败。各种势力不断交锋，而在战火之中，受伤的永远是百姓。

在经历战争洗礼后的百姓，人心惶惶。而此时，战火也波及到新郑，那个白居易曾经留下过无数欢声记忆的地方。

为保家人安全，父亲便将一家亲眷带到了自己的辖区符离。

那一年，白居易十一岁，战争让他早慧，更让他懂得了哀愁。当他离别曾经生长的小城时，不禁被清澈的泪花迷了眼。还好，父母、兄弟都在身边，对于身处战争岁月的人们，这已经算得上是一种奢侈的幸福了。而美丽静雅的彭城，很快赢得了少年的青睐。

但是，当时彭城虽然暂时逃离了战火，但是周围战势愈演愈烈，危险仍是一触即发。为保子嗣安全，白家人决定将孩子送到远离战火的城市。

此时的白居易只是一个十二岁的稚嫩少年。而他远方的路上，将开始写下漂泊与孤独。

白居易前去投靠时任溧水县令的从叔父白季康，以及他任乌江主簿的十五兄，还有其他的一些在江南任职的白氏族人。

白氏族人在生活上给予了白居易很好的照顾，但是却难以抹去他的思乡之情。江南风景如诗如画，却难以掩盖他寂寥的心。十五岁那一年，四处走访亲友的白居易写下了这首《江南送北客因屏寄徐州兄弟书》：

故园望断意如何？楚水吴山万里余。

今日因君访兄弟，数行乡泪一封书。

随着时间的脚步，白居易的学识也渐渐增长。离家岁月自然是家书抵万金，从家书中得知，家里又多了一个小弟弟，他很是欣喜，并无数次地在心中勾勒着弟弟的模样，却总由此勾出心底的千行思念。

十六岁翩跹少年，乘着命运的风，怀揣着理想与希望，来到了唐朝富丽繁华的国都——长安。他希望自己就像那漫山遍野的小草一样，能够抗住严寒的摧残、烈火的焚烧，最后成为绿莹莹的一片天地，没有人可以小觑。

那张还有些稚嫩的脸，望着远方未知的道路，他的心中充满希望，那是一种年少气盛的畅想，还有对未知世界的好奇以及恐惧。一个年轻的生命总是承载着太多的单纯和热情，想象着以后能够成就的伟大事业，能够成为名垂青史的人物。

那是一片苍茫的大地，还有轻柔的风、温暖的阳光、晶莹的露珠一直陪伴着小草成长。当冬天来临时，冰冷刺骨的空气席卷了一切绿色与温柔，大地一改以往的仁慈和博大变得坚硬、寒冷。草儿在恶劣的环境下变得更加坚强，铸就了强韧的个性，不屈不挠的精神。幸好，世间的温暖还是多过于寒冷，亲情、同窗情、知己情，一切温暖的感情将人与人之间的关系拉进，是人与人之间最坚实的纽带。人只有经历挫折才能变得更加成熟，幸福与不幸相伴而生，对待挫折的态度决定了生命品质。

他要像草儿一样坚强，一样经得起失败与折磨，承受得了寒冷的考验，成为父母亲的骄傲，成为一个顶天立地的男人，成为为国为民的好官，这就是他此刻最大的愿望，心中最深沉的呐喊。

第二节

夜深明月卷帘愁，日暮青山望乡泣

初到长安时，他内心激荡。天子脚下，皇城名都，这个城市是为官之人都想要到达的地方。这里的繁荣已是让人精神百倍，让人感受到了太平盛世的辉煌。新奇和兴奋的心情让他神采奕奕，他想在这个城市站稳脚跟，功成名就报答父母多年的栽培。

他首先要做的就是拜师，成为一个知名人士的弟子，这是他崭露头角的一种方式。

顾况是当朝宰相李泌的挚友，在文学界也有较高的声望，而他就是白居易第一个要拜见的人物。然而，当时的白居易只是一个初出茅庐的少年，很难引起重视。当顾况听到来者名曰“白居易”时，便戏谑道，“长安米贵，居大不易。”

白居易是个聪慧的少年，他听出了这话其中戏谑之意，却不卑不亢地说："大人说的是。不过，我这次来长安并无久居之意，只是为了向大人献上拙诗，敬请大人不吝赐教。"

与此同时将自己所作诗文呈给顾况。顾况看到了那首《赋得古原草送别》，读罢，又重新审视了少年一番，眼眸中暗暗有了赞赏之色，改口曰："有才如此，居亦易矣！"

顾况说："白公子有如此高的诗才，写出这样的诗句，不要说久居长安，就是久居天下又有何难！老夫刚才的话不过是句玩笑话，请白公子不要介意。"

顾况对白居易赞赏有加，是对他莫大的鼓励。他的首次亮相非常成功，顾况身边的朋友也开始知道这个年轻人，大家都认为，白居易的才华横溢，以后前途不可限量。

顾况的赞许，增添了白居易的信心，他期待着，长安城里，关于他的故事，会写下怎样的浓墨重彩。

昼夜轮换之下的长安城，自顾自地演绎着繁华故事。白居易将他眼见的故事，一一收藏到了笔墨里。

轩车歌吹喧都邑，中有一人向隅立。夜深明月卷帘愁，日暮青山望乡泣。

风吹新绿草芽坼，雨洒轻黄柳条湿。此生知负少年春，不展愁眉欲三十。

——《长安早春旅怀》

长安城里，车水马龙，人潮涌动，有着令人炫目的繁华。每一天都热闹非凡。集市上人们都忙着做生意，有说有笑地谈论着价钱，富人坐着轿子在人流中穿梭，偶尔还有壮士骑着骏马飞驰而过，到处都是熙熙攘攘的欢乐气氛。

白居易独自走在这人来人往的大街上，偶尔停下来看看，却有一种身处闹市的孤独，因为一切的热闹都与自己无关，他仿佛是个局外人，也正因如此，他才能细致地欣赏这无边的美景。

风儿轻轻地吹动着小树，嫩绿色的枝条上开始慢慢冒出新芽，蠢蠢欲动，准备着长出新的枝和叶。春雨贵如油，细细的雨，轻轻落下，将柳条以及道路浸湿了。水珠顺着树梢和柳条一直滴落下来。这是春天特有的美景，暖暖的、淡淡的，却让人心情愉快。

经过一个白天的喧闹，长安城开始进入梦乡，各种小店早已打烊，只有打更的老人敲着铜锣，走过大街小巷。夜晚的长安城显得尤为安静，好像一个熟睡的孩子。白居易打开竹帘让月光照进屋子，看着对面的窗户早已经没了光亮，那家人应该已经进入了梦乡。然而，他却毫无睡意，看着那皎洁的月亮，心开始变得透亮。

夜深了，凉意渐至，更加没有睡意，不知道他思念的人有没有就寝，思人梦中是否会有他的影子。出现在别人的梦里，抑或是住在别人的心里，那都是幸福的事情。

长安再繁华也不是故乡，暮色为长安染上了寂寥的黑色，也晕染了白居易思乡的心。就这样，他在日复一日的繁华与思念中，度过了许多光阴。

时光匆匆而过，转眼白居易已是弱冠之年，他的人生刚刚开始熠熠生辉，却遭遇了坎坷。疾病的肆虐，几乎要夺去他的性命。让正值韶华的他，不得不卧倒在床榻！而这样的时刻，只有家书可以慰藉他失落的心灵。而此时的白家经济开始拮据，父母的生活也十分艰难，但是，父亲还是让他在长安好好发展，家中的一切都不要担忧，只要顺利走上仕途，那么家中的困境也会迎刃而解。

但白居易的心中依然焦虑，一个身强力壮的男儿，却还是要家中供养生活，在长安许久，依然没有实质性的收获。这让白居易真正地体会到了“居大不易”。不过，还好流动的时光给白居易的生活带来了转机。

德宗贞元四年（公元 788 年），朝廷便将白居易的父亲白季庚派遣至江南大理改除少卿兼衢州别驾。白居易刚从长安回到越中，便收到家书得到父亲即将南下的消息。父子一别六年，心中千言万语难以诉说得尽。

为了让父亲看到自己的成长，白居易在见到父亲后，拿出了自己所作并在长安城广为流传的《相和歌辞·王昭君二首》给父亲看。

（其一）

满面胡沙满鬓风，眉销残黛脸销红。

愁苦辛勤憔悴尽，如今却似画图中。

（其二）

汉使却回凭寄语，黄金何日赎蛾眉？

君王若问妾颜色，莫道不知宫里时。

这两首诗词，像两幅流动的画，将昭君出塞的情景浓缩在字里行间。

白居易好像站在时间的隧道中一般，静静地看着一切的发生，就连昭君脸上晶莹的泪水他都看得一清二楚。或许他想到了自己，自古伴君如伴虎，谁又能够保证自己能够永得圣宠，不知道上天为自己安排了怎样的命运。惊艳的开始并不一定就会有欢喜的结局，人生之路就是这样难以预测。

初入汉宫，雕栏玉砌，金碧辉煌，那里的一切都让昭君眼花缭乱。她是一个高傲的女子，对于自己的未来充满了期待。深宫中的女人要么成为备受瞩目的月亮，要么堕入无边的黑暗，而一切都取决于一个男人的喜好。御花园里的花儿，开了又败，败了又开，高高的宫墙已经成为她的牢笼。而她期待的那个男人并没有出现，希望慢慢变成了失望。

长久的等待却只让她等来和亲的圣旨，远嫁塞外，这就是她的命运。

一抹红色，一支浩浩荡荡的队伍，一串串深深浅浅的脚印，一片漫无边际的沙漠……

草原、风沙，孤独、等待，她也慢慢麻木了……

风沙轻抚着她的容颜，乌黑的秀发随风飘起，还有丝丝的清香，她清澈的眼眸凝视着远地方。瓦蓝的天空，洁白的羊群，还有牧羊人的时远时近的歌声。一片绿色静静地蔓延着，几缕青烟卷在偌大的草原上显得那么孤独。

碧绿的簪子，繁花盛开般的容颜，她是草原上的仙子。然而，时间从脸颊和指尖流过，留不住。不知从哪一天开始，容颜渐渐失去了色彩，镜子里的人不再年轻貌美。是风沙盗走了她的美丽还是忧伤抢走了她的光彩？

临走时的惊鸿一瞥，天子亦为她沉鱼落雁的容貌惊叹，甚至不惜处死画师毛延寿以平息错过美人的愤怒。十六岁那年，她随着和亲队伍从长安出发来到边塞。顺着马车的窗户往外看去，路上的风景逐渐变得萧条。时间久了，马车发出吱吱的声音，好像也在为她哭泣。她的眼泪早在出长安城的时候就流干了，最后只是涩涩地发痛。

掀起盖头的时候，她得到了一片惊叹声，这是意料之中的事情。虽然她听不懂他们的语言，但是他们很豪爽，也很友好，一切仿佛发生在昨天。如今，她已经慢慢蜕变成一个草原上的女子，再也没有中原女子的温婉之美。她对着镜子挤出一个无奈的笑容，现在的自己和毛延寿画里的女子又有什么分别？再美的容颜都会凋零，有时不管美丽与否，结局都是遗憾。

几行大雁结伴朝南飞去，在天空中排成了整齐的“人”字型。她望着远去的大雁，泪水在眼中打转。雁有南飞时，人难再回首。

回忆曾经在汉宫时候的场景，心中不禁感到冰冷。政治就是这样的残酷，个人的荣辱在国家的利益面前变得微不足道，白居易欣赏昭君这样的女子，她比一般的男子更加坚强，更加有勇气；同时，白居易又十分同情这样的女子，国色天香的容貌却成为不幸的根源。

白居易对昭君出塞的心理进行了细致地描写，也为了表现自己心中的担忧。不论是美色还是才华总有一天都可能会成为自由的枷锁。

秋叶随风片片飘落，掉进养育他们的泥土的怀抱，那是一种幸福。落叶归根，这是她梦寐以求的结局。长安城依旧热闹、繁华，到处洋溢着欢乐的气息，没有人知道在遥远的边塞还有这样一位女子思念着这里的一切。只有一位老妇人，时常注视着通向北国的路，那路的尽头是否就是女儿生活的地方，她还好吗？有生之年还会有见面的机会吗？终于有一天，这个妇人不再出现了，只剩一条孤单的路通向远方。

汉宫中夜夜笙歌，舞姬们用自己绝美的身躯演绎着柔情，用悠扬的歌声敲击着宁静的夜。清脆的笑声、酒杯碰撞的声音交织在一起，那么欢快。世人都向往荣华富贵、歌舞升平的生活。不论是征战沙场的勇士，还是不择手段的小人，当其走上成功之路，受到众人的仰视时，终究会过上浮华的生活。然而穿梭于酒池肉林之中，勇士渐渐失去勇气，小人变得更加奸诈。

白居易心中一直有这样一个疑问，为什么看似强大的国家必须通过牺牲一个女子的幸福去维护政治，维系和平？当北风来袭的时候，他们是否会记起曾经有一个女子，为了这个国家的安危放走了自己一生的幸福？

她只是一个柔弱的女子，绝世容颜只不过是政治的牺牲品。走出边关的那一刻，或许她已经被世人遗忘。

那一年，只有血色的残阳、零落的鸟群见证了她的勇气，她的出嫁减少了杀戮，换来了边关短暂的和平。正因为她深知这些道理，所以踏上了这条艰辛的道路。中原人都知道边塞是蛮夷之地，没有人愿意前往，更何况是一个女子。一群姐妹们走在长安街头，穿越熙熙攘攘的人群，买胭脂水粉、金钗玉饰的景象好像就发生的昨天。那时候，她还是那么无忧无虑，唯一的财富就是无尽的希望，那时的她对皇城里的那个男子还充满了期待。

白居易何尝不是对帝王充满了憧憬，将自己一生的梦想完全放在这个人的身上，男儿志在四方，最终还是希望能够得到帝王的赏识。现在他也慢慢陷入了担忧，他担心自己就像王昭君一样，追逐了一个不切实际的梦，最后，梦醒了，只剩满身伤痕。

诗中，王昭君明白自己的处境，美貌既是她的荣耀又是她的灾难，因为容颜易老，没有人可以永葆青春，那时候她更没有回家的希望，所以，她告诉使节不要告诉汉宫中的人她已经不再那么貌美如花，而已经是一个历经沧桑的妇人。从她的心理活动也可以感受到她的恐惧，以及统治者的无情。

她的一生受尽了苦难，一个绝色的女子，一个洗尽铅华依然动人心弦的女子，她的人生却没有如她的容颜般美好。但她的美丽成就了一段佳话，她的苦难让世世代代将她铭记。

白居易的父亲见了诗文，颇为赞赏和欣慰，儿子的才学，从诗中可见一斑。他更知道，经过这六年岁月，白居易已经成长为一个有思想、有抱负的青年。

父亲任衢州别驾的日子，虽说父子不能常伴，但是父亲就在身边，白居易心中有了许多慰藉。于是，他又开始了一边漫游一边学习的日子。

德宗贞元七年（公元 791 年）初春，他刚刚结束一段游学旅程回到父亲身边。十年，恍如一梦，个中滋味，也唯有他自己懂得了。恰逢父亲在衢州任别驾的时间已满，父子二人便借此时机，一同北上，回到那阔别已久的符离。

第三节

为惜影相伴，通宵不灭灯

白居易跋涉北上，回到符离的家中，看着满面皱纹的母亲，乖巧可爱的弟弟，他的心中涌出了难以名状的酸楚和温暖。

十年漂泊，他尝尽了人生百味。如今的他已不是母亲膝下贪玩的孩童，而是一个满怀壮志的青年。所以，在家中的那段时光，他依然没有放松，而是继续努力，刻苦学习。

后来在写《与元九书》时，白居易回忆起这段生活时说道："二十已来，昼课赋，夜课书，间又课诗，不遑寝息矣。以至于舌成疮，手肘成胝，既壮而肤革不丰盈，未老而齿发早衰白，瞥瞥然如飞蝇垂珠在眸子中也，动以万数，盖苦学力文所致，又自悲矣。"

有亲友为伴的日子，是幸福的。而幸福的时光，又总是过得飞快。

贞元八年（公元 792 年）二月，襄阳发生了军乱，白季庚被派去协理事务。于是，他再次南下，白居易只能再次同父亲挥手作别。

父亲的远行，似乎带走了家中的阳光。父亲离开的半年后，白居易最小的弟弟金刚奴就去世了。这让白居易第一次感受到了生死的沉重，而母亲的痛苦更是难以言说。幼子的夭折对于白季庚而言也是沉重的打击，他已经老了，为祖国贡献了一生，唯今只想和一家人团圆。

于是，白居易与母亲和兄弟一同，投奔父亲，来到了历史名城——襄阳。一番周折的旅途后，他们被安顿在一处宁静的宅院，父亲为院落取名“东郭”，一家人便开始了宁静的生活。生活重新步入轨道，母亲的身体也渐渐硬朗起来。也许，风雨和阳光交替，这便是命运。

白居易开始一边刻苦读书，一遍寻访名迹，增加见识。彼时岁月静好，却在两年后被一个噩耗打破。

贞元十年（公元 794 年）五月二十八日，白居易的父亲因病离世。家中的顶梁柱轰然坍塌，只留下失魂无助的母子。再一次与至亲的生死永诀，让他们无力承受。

没有父亲的襄阳城，是孤独空旷的，曾经宁静的“东郭”小院里，写满了关于父亲的回忆，如今却成了这一家人不敢触碰的深伤。所以，白居易在为父亲料理过后事之后，便带着母亲回到了符离，这是他们的第二故乡。

途中，白居易满目悲凉，忧心忡忡。失去亲人的痛苦时刻刺激着他痛感的神经。依唐朝礼仪规定，子丧父，需停止一切工作，守孝三年，行丁忧之礼。由此，白居易也开始了他苦涩的丁忧生活。

回到符离的日子依旧平静，却始终萦绕着挥之不去的哀伤，父亲的身影、父亲的教诲，常常浮现在他的脑际，那是美好而珍贵的回忆，亦是永伤。

孤寂时刻，白居易也会常常想念其他的朋友，然而曾经的好友都四散各处，张彻拜师韩愈门下，张复已去长安，刘五也不知云游何方。唯有自己，在这座宁静的小城里，独守寂寞。

而这时，一个如水般柔美的女子，走入了他的视野，走进了他的生活。他们交谈、喝酒、作诗，别有一番滋味，她便成为他心头的那颗朱砂痣。

她是美丽的湘灵，从仲秋到暮秋，从日出到日落，短短几十个日日夜夜，便成了他们彼此人生中最灿烂的时光。

他写《寄湘灵》，写《冬至夜怀湘灵》，湘灵系列情诗，宛如袅袅情书，缠缠绵绵，飞至她的手边：

泪眼凌寒冻不流，每经高处即回头。

遥知别后西楼上，应凭栏干独自愁。

——《寄湘灵》

然而，情深不寿，奈何缘分浅薄，白居易的母亲强烈反对他与湘灵的亲事。一面是亲情，一面是爱情，白居易站在情感的天平上，左右为难，心中装满了痛苦。痛苦堆积在胸口，诗词便成了他唯一的宣泄。

夜半衾寒冷，孤眠懒未能。

笼香销尽火，巾泪滴成冰。

为惜影相伴，通宵不灭灯。

——《寒闺夜》

那是一个深秋，树叶开始变得枯黄，轻轻飘落。母亲站在树下，静静地注视着这一切。她就像是这个夏天遗留下来的花朵，有一种静默的美丽。白居易将这美景默默记在心间，或许母子连心，他竟看出了母亲的孤独，满含泪珠的眼睛已经将她的心事泄漏。

在白居易的记忆中，母亲无数次站在门口注视着远方。每当到了父亲回家的日子，她总是亲自下厨做很多父亲喜欢的小菜，将思念与哀愁都默默糅入生活的细枝末节里。

记忆中，院落里那颗杏树下，母亲与他轻轻交谈。她谈吐文雅，举止得体，举手投足间却透露着一丝丝的伤感。他知道母亲过得不快乐，像是在等待，又像是在苦苦挣扎。

油灯的光线慢慢暗了下来，屋子里的光线变得羸弱，像是一个即将油尽灯枯的老人，又像母亲饱经沧桑的心。

如今，他找到了幸福爱情，但是他如何才能去放任自己的情感，而辜负可怜的母亲。无数的思绪纠缠着诗人，也缠绕着他的心。

深夜里，明月皓洁，繁星淡淡，偶尔还有鸟儿凄凉的叫声。窗外一切开始变得寂静，就像他们感情的未来，一片空茫、晦暗。

烛光将人的影子拉得细长，只有影子是最忠实的伴侣。而他与湘灵，却不得不面对即将到来的别离。

湘灵是那么美丽，犹如仙子一般，也许，未来她会嫁给某个男人，披上了嫁衣，就像所有的女人一样，走过平静安稳的一生。这算得上是一个幸福的结局，可却没有了他的参与。一段炽热的情感，最后只有一个凄凉结局。

最美的爱情，总是灿若花火，却不能永恒。值得庆幸的是，因为白居易的一支笔，将这份灿烂凝结成了永恒。

贞元二十年（公元804年），时过九年后，他回符离搬家，却又触动了久违的记忆，曾经的点点滴滴，在他心中苏醒。而此时的湘灵，已经嫁为人妇，成了他永远触不可及，又永难忘怀的梦境。

爱如覆水，想要收回，谈何容易。

汴水流，泗水流，流到瓜洲古渡头。吴山点点愁。
思悠悠，恨悠悠，恨到归时方始休。月明人倚楼。
深画眉，浅画眉，蝉鬓鬅鬙云满衣。阳台行雨回。
巫山高，巫山低，暮雨潇潇郎不归。空房独守时。

——《长相思》

湘灵的倩影在白居易的诗中频频出现，可见她在诗人心中的重量。每当写到爱情时，白居易的诗就会充满温情。他的诗以直白的语言著称，只有触碰到他的心底，他才会变得温柔、婉转。

思念就像一根无形的绳索，牵绊的总是那个抓得最紧的人。月儿挂天空，佳人依旧。

他与湘灵的这场爱恋，纠葛几年，却耗尽了他一生的情感。他可以写出浸着饱满泪水的《长相思》，可以写出含着爱情诗意的《长恨歌》，却再难品尝到曾经纯澈如泉的爱情味道。

长相思，长相忆。他把这份难以忘却的情感幻化成一首首脍炙人口的诗篇。汴水浩浩荡荡向南流去，望不到尽头，前方就是等待它的泗水河，它们默默地等待着彼此，奔流、融合。孤寂的大河尚有相聚的日子，何况人乎？两个河流变成一条大河，它们拥抱着，一同前往瓜州的古渡头，这亦是他所期许的未来。

第四节

故园迷处所，一念堪白头

人生无常，每一个人都只能跟随命运的脚步。爱情随风离去，而时光和命运正是吹散了爱情的风，白居易也迈向了人生崭新的征途。三年的丁忧生活一过，他便离开了符离。长兄白幼文寄来家书，说他要赶赴饶州任浮梁县主簿，白居易便去投奔了大哥。

此时的白居易，看不到未来的景象，却不能停下脚步，再一次南下，又见江南风光，心中却是五味杂陈。愁与烦，纠缠在一起，侵袭着他的心。

明月满深浦，愁人卧孤舟。烦冤寝不得，夏夜长于秋。

苦乏衣食资，远为江海游。光阴坐迟暮，乡国行阻修。

身病向鄱阳，家贫寄徐州。前事与后事，岂堪心并忧。

忧来起长望，但见江水流。云树霭苍苍，烟波澹悠悠。

故园迷处所，一念堪白头。

——《将之饶州，江浦夜泊》

他写的这首《将之饶州江浦夜泊》清晰地展露了他的心事。苍茫的愁情，充满了他的心，也笼罩着他的人生。

白居易先是到了宣州溧水，他的叔父白季康在那里任一县之令。叔侄二人，相见甚欢，而白季康面对满腹经纶的侄儿，更是畅所欲言，并给白居易提出了建议，让他参加溧水县即将举行的乡试，以备将来走科举取士之路。就这样，二十七岁的白居易，成功地通过了乡试，叩响了科举入仕的大门。

按唐朝科举惯例，州试一般在乡试的下一年。所以，白居易便拜别了叔父，前往兄长白幼文在饶州浮梁的任所，与长兄会和。

他在《伤远行赋》中写道：

贞元十五年春，吾兄吏于浮梁，分微禄以归养，命余负米而还乡。出郊野兮愁予，夫何道路之茫茫。茫茫兮二千五百里，自鄱阳而归洛阳。

在离家近一年时，他又启程赶回洛阳，与母亲相会。母子常常在别院里，闲话家常，安宁岁月里，有一种历尽沧桑后的温馨。

时光的步履匆匆，转眼间万物萧索，天气转凉。白居易便赶赴宣州，参加第二场考试。满腹才华的白居易，顺利地通过了考试，并赢得了主考官崔衍的赏识。被推举参加长安城的进士考试。自此，进士及第的大门一层层地为白居易敞开。

初冬时分，他填写了各种需要报送礼部的表格，便回到了洛阳，等候通知。然而，触目所及的战乱，时时刻刻地冲击着白居易的胸怀。

时难年荒世业空，弟兄羁旅各西东。田园寥落干戈后，骨肉流离道路中。

吊影分为千里雁，辞根散作九秋蓬。共看明月应垂泪，一夜乡心五处同。

——《望月有感》

贞元十五年（公元799年）春，宣武军节度使董晋去逝，兵将叛乱，战事连连，四处硝烟，百姓流离失所，妻离子散。万亩良田都已经荒芜，只有痛苦的呐喊在山谷间回荡。男耕女织的繁荣成为记忆中的美景，安居乐业成为一个遥远的希冀，活下来成为最现实的问题。留得青山在，不怕没柴烧，求生成为人们最强烈的愿望。

白居易的家乡赫然变成战场，旱灾严重，庄稼几乎颗粒无收。加上战事的摧残，很多人更是饥寒交迫，最后死在冰冷的荒郊野外。这凄凉的景象怎能不让人寒心？

白居易一直生活在这样战火纷飞的年代，他的心已经被那无情的场景摧残得千疮百孔。这些人与事，触动了他心灵深处最柔软的情感，也勾起了他如火般炙热的大义。

为了生存下去，许多家庭会逃往不同的地方，很多父母在路上丢失了自己的孩子，兄弟姐妹也就此失散了，这种别离，很可能是一辈子。生活没有给人喘息的机会，逃亡的人只能朝前看，一直走，不能回头，希望和活路都在前方。大家相约，只要战事结束还要回到家乡，一起开怀畅饮。只是不知道，那一天还有多久才能到来。

那一片小麦地，春夏秋冬都有不同的景象。他走在田垄上，追忆着曾经的美好，仿佛闻到了新鲜泥土的味道。

那时，春天绿油油的小麦苗，就像小孩子一样，充满活力和生机，随风摇摆着自己灵动的身躯。夏天它们一天一天长大、长高，慢慢从绿色变成金黄色，这种成熟的蜕变对于人们来说是一种惊喜，因为这预示着收获的季节就要到来了。农夫们拿着镰刀，将沉甸甸的麦穗带到家中，这是解决一家人温饱的果实，有了这些，他们的心就踏实了。这是一年之中最欢乐的时刻，等收割结束之后，农家们聚在一起庆祝。冬天，大家都盼望着下雪，麦盖三层被，来年又是丰收年。皑皑白雪，处处透露着纯洁的气息。

然而，画面已经不复存在，取而代之的是一片寂寥。田地上已经长满了杂草，附近的村落也已经没有了人烟，早已经没有当时的繁荣景象。大大小小的路上总能看见一脸疲惫的人们带着一家老小正在去往某处的路上。骨肉亲情在此时显得尤为重要，大家彼此依靠，相互照顾，一起奔向新的生活。祖宗留下的基业已经成为昨日的辉煌，此刻山河破碎，人人自危。

已是秋高气爽之时，他只能在心中默默为散落各处的亲友祈祷，希望他们一切平安。漂泊在他乡的人就像池塘里的蓬草一样随着秋风摇荡，不知道什么时候能够停止。只希望这一切能够快点结束，团圆的日子快些来临。

这是一个思乡的日子，亲人们一定在各自的地方思念着彼此。就像李白的诗句："举头望明月，低头思故乡。"故乡是一个让人温暖的地方，最让人留恋的不仅仅是那里山山水水的记忆，更是与亲人们朝夕相处的那份感恩。离别之后才知道珍惜相聚的时刻。

只有经历了生离死别才知道生命的可贵，经历了战乱才知道和平的美好。他的心中有一幅蓝图，那里就是他想象中的生活。他希望自己能够进士及第，为民请命，辅佐圣上建立太平盛世。

春节刚过，他便告别母亲，匆匆离开洛阳，赶赴长安，开始准备大考。彼时的长安城，热闹非凡，繁华依旧，到处彰显着盛世的气息。大江南北的有识之士都聚集在这里。

走出那个几近荒凉的小城，站在离权力中心最近的地方，心中充满了激荡。壮丽的山河湖海都注视着这里的一切，它们顺势奔流或者屹立在某个角落，它们终究还是大唐的山水，就像这世界上的人，形形色色，熙熙攘攘，但他们都是大唐的子民，他们都依附于这个城市，臣服于这个城市的权利与庄严。

贞元十六年（公元800年）二月十四日，他与其他应试者一起，参加了由中书舍人高郢担任主考官的进士考试。考场上，白居易不敢有半点放松，几乎用尽毕生才学去完成这张决定他命运的考卷。

等待发榜的日子，他心中忐忑不安。但是，当他在红榜上找到自己名字的时候，他的心瞬间被点亮了。他以第四名的优异成绩及第，并且是同榜十七人中年纪最轻的一位。

唐朝有为新科进士在杏园举行庆祝宴会的传统，只是他已无心多留，多少年的学海艰辛，多少年的漫长等待，此时，他只想将关系家族兴衰的喜讯，带回家，带回母亲身边。

背井离乡多年，人生终于有了转机，他已经归心似箭，但是沿路的景象依然令他担忧。战争的影响还在继续，并没有因为战争结束而马上恢复到战前的状态。还有一些山贼趁火打劫，经常进入村庄烧杀抢掠，官府也没有更好的办法治理，最苦的还是百姓。

北风吹，黄沙满天。虽归心似箭，他依然没有忘记自己的使命，沿途观察民俗风情，看看普通百姓的生活现状。他开始变得心情沉重，这条路一定很艰险。然而，不论以后的结局如何，现在的他还是充满了幻想和抱负。与他志同道合的朋友已经在各处施展自己的抱负，他也要实现自己的理想。

他索性直接去探望他们，因为离别的时间太长了，他不希望彼此之间有陌生感。他还要去探望自己的兄长，也希望他能给自己一些意见，帮助自己成为一个好官。

为官之道是一门深奥的学问，他不求名垂青史，成为举世瞩目的名臣，只想尽自己的力量为百姓做点力所能及的事情。经过多年的漂泊和游历，他的阅历已经逐渐丰富起来。他想，自己的一生一定是丰富多彩的，苦难造就了他坚毅的性格。

兄弟姐妹之间见面的机会越来越少，尤其是女儿家，自从嫁入夫家之后，几乎就再没有见过。兄弟们也在不同的地方做官，好多年才能聚一次。

白居易不由地想起小时候与兄弟们一起在榕树下背书的情景，到了金秋时节还会到果园里摘果子吃。有时候，因为贪玩没有好好读书，还会遭到母亲的责罚。再回首时，原来的一切都是那么美好，儿时的趣事已经变成人生之中最纯美的回忆。

与兄弟小聚后，他便快马加鞭，回到了家中，而在家中母亲早已得到喜讯。多年的苦涩生活，如今，得到了最好的报答。但白居易知道，这仅仅是一个开始，未来的路，他还要一步步坚定地走下去。

《新唐书》上云："选未满而试文三篇，谓之宏辞；试判三条，谓之拔萃，中者即授官。"在唐朝，进士及第并不能马上授予官职，只是取得了做官的资格而已。白居易要想取得官职，还需要参加由吏部组织的更高级别的"拔萃科"考试。

他恐岁月不等人，只在洛阳停留数日，便南下往宣城去了，向宣州刺史崔衍拜谢，为此他还特地作赋一首，大力歌颂崔衍的"德政"：

……

身忝乡人荐，名因国士推。提携增善价，拂拭长妍姿。

……

霄汉程虽在，风尘迹尚卑。敝衣羞布素，败屋厌茅茨。

养乏晨昏膳，居无伏腊资。盛时贫可耻，壮岁病堪嗤。

擢第名方立，耽书力未疲。磨铅重剸割，策蹇再奔驰。

相马须怜瘦，呼鹰正及饥。扶摇重借便，会有答恩时。

——《叙德书情四十韵，上宣歙翟中丞》

崔衍读罢很高兴，伯乐与千里马，自有惺惺相惜意。在宣城小住几日，白居易便去看望自己的兄长，后又回到了符离。此时母亲也已归来，回到了那个小小庭院。

九月徐州新战后，悲风杀气满山河。

唯有流沟山下寺，门前依旧白云多。

——《乱后过流沟寺》

经过数月的战火洗劫，符离已是满目疮痍。曾经梦境里，美好的家乡，而今在战火的洗礼下，变得颓败而荒凉。

贞元十七年（公元 801 年），白居易已进入而立之年。而这一年，他的生命再次写入了伤痛。在草长莺飞的烟花四月，他的外祖母陈氏病故，那时的白居易未能赶回去见上祖母最后一面，心中感到无限的愧疚。

对此一直耿耿于怀的白居易在祭文中沉痛地写道：“恭惟夫人，女孝而纯，妇节而温，母慈而勤。呜呼！谨扬三德，铭于墓门。恭惟夫人，实生我亲，实抚我身。欲养不待，仰号苍旻。呜呼！岂寸鱼之心，能报东海之恩？”

然而，噩耗却接连而至，白居易在符离任主簿的六兄、十五兄相继也抱病离世。亲友的相继离世，让白居易深深地感受到了生命的脆弱。人生无常，他们还未来得及实现梦想就已经随风离去。

在为亲友奔丧后，白居易回到符离，收敛心思，继续埋头苦读，准备参加下一年的拔萃考试。

时光匆匆，在书卷的开合间，无声划过，四季轮番上演着生命的循环。贞元十八年（公元802年）的冬天，白居易再次赶赴长安，参加了拔萃考试。翌年三月发榜，同科及第八人：白居易、元稹、李复礼……在八人中，他位居甲等，与元稹一同被任命为秘书省校书郎。这一年，他三十二岁，经过多年的苦读，终于走向自己的仕途。长安城中的繁华，将不再是梦想，而是实实在在的脚下的路。

走上仕途，对于一个多年苦读的学子来说，自然是满怀喜悦的。他已经成为一个顶天立地的男子，再也不用亲友的资助，他可以回报自己的母亲。白居易在长安城里租下了房子，四五间茅屋，一马俩仆夫，不为衣食而忧，不为人事所拘，这便是他最渴望的生活。在长安安顿下来不久，白居易便回到符离将母亲接到长安，侍奉照料。从符离赶回长安时，他还去钵塔院瞻仰一代凝公大师圆寂后的遗容。因为多年前他曾与凝公大师有过一些交集，聆听过大师的教诲。

那一次分别，他还记得凝公大师微笑着，在他的掌心写下的八个字：观、觉、定、慧、明、通、济、舍。寥寥几个字，却蕴含着高深的哲学，成为白居易生命中的珍宝。

回到长安城，白居易开始了自己的新生活。身居长安，他结交了许多志同道合的好友。然而，随着他走入官场越来越深，却看见了另一番景象。

初入仕途的喜悦被迷茫替代。皇帝昏庸，政界腐败，宦官专权，百姓劳苦……报效祖国，造福百姓的梦想，成了遥不可及的海市蜃楼。他不禁自问，这条仕宦之路能走多久?

闲暇时，他会到乡野游玩，走在田垄上，体味百姓生活。

百姓衣衫褴褛，家中只有破旧的房屋，寥寥无几的家具，还时常忍饥挨饿，除了这些惨痛的经历，他们的生活就只剩下苦中作乐。贵族们却过着骄奢的生活，君王亦是整日过着昏聩的生活。这不禁让白居易联想到了曾经的楚王。

楚王多内宠，倾国选嫔妃。又爱从禽乐，驰骋每相逢。……色禽合为荒，刑政两已衰。云梦春仍猎，章华夜不归。……有一愚夫人，其名曰樊姬。不有此游乐，三载断鲜肥。……

——《杂兴三首》节选

楚王喜爱美人，王宫中有很多姬妾，并每年举国选秀，只要是有倾城之貌的女子，他都不想错失。他还十分喜欢狩猎，喜欢追求奢华的享受。他穿着金线绣的衣服，白色的骏马头上套着黄金打造的面具。伴随着萧瑟的秋风，他变成了这场秋色最恢弘的风景。狩猎的队伍气势磅礴，百姓都知那是楚王的队伍，无不退避三舍。

他按照自己的喜好训练宫中的女眷，他渴望宫中的女人都成为他的知己。骑马狩猎的时候，他也不再孤单，总有三五美眷陪伴着。宫中很多女人都已经熟练掌握了骑马狩猎的技能，英姿飒爽只为博得帝王一笑。

楚王每日沉湎于美色与骑马狩猎之中，朝政早已经荒废了。春天来临了，他仍然带着部下在湖南、湖北一带打猎。春天，万物生机盎然，更是动物繁衍生息的季节。此时，并不适合打猎，但是他并没有停歇。章华宫里寂寞的烛光等待着主人回来，只是主人的兴致颇高，总是留宿在宫外。

风和日丽的美景，倾国倾城的美人，总是为他增添许多乐趣。楚宫里善骑射的女子总是与楚灵王一同外出，为他拿着银质的箭。看见心仪的猎物，他总是不忍放弃，经常追逐到底。天空中一字排开的大雁被王的弓箭打散了，丧失了原来整齐的队形。

楚王沉浸在征服猎物的喜悦之中，就连他的弓箭也闪烁着辉煌的光芒。作为一个猎人他是成功的，作为一个帝王他是失职的。朝政在几年之中尽数荒废，正在国家危难之时，后宫内眷也看到危机，开始诚心劝谏，但是，楚王并没有放在心上。楚王最喜爱的樊姬十分忧虑，她开始不食肉类，想以此来劝诫楚王。最终楚王被这位美姬的诚意所感动，逐渐认识到自己的过失，开始改过，勤于治国。

历史的长河中，不乏英明的君主，那是百姓之福。荒淫无道的帝王却也不少见，使得民不聊生，国破家亡。白居易看到百姓苦难的生活却得不到援助，心中充满了忧愁。他认为百姓的疾苦不是没有办法改善，只是当权者的心思并没有用在百姓的身上，终日沉溺于声色犬马之中难以自拔。

可如今在朝中，君主又从哪里听到、看到百姓苦难的生活？官员享受朝廷俸禄，就是要充当君主的眼睛和耳朵，成为君主与百姓之间的桥梁。在白居易的心中，大臣和官员的不尽职是导致百姓生活苦难的原因，作为大唐的官员，便应该劝谏君主，守护百姓。

经过安史之乱，还有一些流寇、山贼的侵袭，国家的根本已经开始动摇，日渐岌岌可危，只是没有人正视这个问题，就算是看到这个状况的官员也是不敢直言，只能看着这种状况继续下去。白居易忧心忡忡，灾难并没有使人清醒，反而使更多的人将自己的利益放在了第一位，学会了明哲保身。这种不良之风已经严重阻碍了大唐王朝的发展。

白居易他希望自己可以像樊姬那样赤胆忠心、敢于劝谏，只是自己并没有机会可以与君王接触，只能用诗句表达心中的深沉的感受。

第二章

情愫：一半相思寄山水 两袖清风报家国

唐代从繁荣走向衰退，他清楚地知道不是靠他一己之力就能挽回的，他只能用诗记录那一段惊心动魄的岁月，记录中唐到晚唐的落败，记录一个人的无能为力，记录一个爱国人士的无能为力却又心有不甘。

第一节

好衣美食来何处，亦须惭愧桑弘羊

百姓疾苦，官场晦暗，白居易便想用诗的“剑锋”直指那些黑暗的统治者们，希望他们可以读懂他内心的呐喊，希望可以警醒他们，希望能有人拯救这个浮空的朝代。

草茫茫，土苍苍。苍苍茫茫在何处？骊山脚下秦皇墓。墓中下涸二重泉，当时自以为深固。下流水银象江海，上缀珠光作乌兔。别为天地于其间，拟将富贵随身去。一朝盗掘坟陵破，龙椁神堂三月火。可怜宝玉归人间，暂借泉中买身祸。奢者狼藉俭者安，一凶一吉在眼前。凭君回首向南望，汉文葬在灞陵原。

——《草茫茫》

位于骊山北部的秦皇陵，山林葱郁，气势恢宏，北临渭水，南起骊山，高大的皇冢与山体融为一体。伟大的文学家司马迁就曾经感叹“自古至今，葬未有如始皇者也”，车马造型之准确，精美装饰之举世罕见，墓冢之大，耗时之久，用人之多，称其为前无古人后无来者真是最为贴切不过的了。

繁华奢美，只其表象，透过壮美的皇陵，浮现在诗人眼前的，是无边无际的劳工，挥汗如雨的疲乏，夜以继日地工作；是他们对家人的无尽相思；是他们对统治者的不满。

繁华的外面是巧夺天工的神作，繁华的里子却是繁重的徭役，民不聊生……

唐朝中晚期，唐朝正在逐渐衰败，辉煌逝去已成定局。白居易更担心唐朝步上秦朝的后尘，走上一去不复返的覆灭的道路，但是他又无力去改变这个将要没落的时代。他想拯救黎民于水火却又无力回天，多少个日日夜夜他对着那骊山空空发呆，遥想着当年六王毕，四海一，不可一世的秦皇。

遥想秦朝在盛极之后的迅速消亡，遥想那烧了三个月的漫天大火。面对着历史的惊人相似，最初感觉到变化的人往往是最痛苦的，走在时代前端的人总是幸运却又不幸的，无力回天却又不甘心随着它一起消亡，明知不可却偏要为之。

与奢华的秦皇陵形成鲜明对比的是汉文帝那朴实无华的墓，屹立千年，难道是他修建得比秦皇陵的更加坚固吗？难道是他修建得比秦皇陵的更加奢华吗？

都不是，只是由于他的朴实无华，当然后世的贼人也就没有惦记的道理，它当然可以伫立千百年不倒，过客一般地看着秦皇那伟岸的墓穴被一次又一次地洗劫。

简单地修建墓陵尚且如此，何况是治国，奢华焦躁是民不聊生原由之一，人民徭役、赋税沉重就是人们后背的千斤大石。

水能载舟亦能覆舟的道理妇孺皆知，人们想要的生活其实很简单，吃饱穿暖，别无他求。为什么非要让原本生活得如此简单的人们背上如此沉重的负担？为什么非要让如此淳朴善良的人们走上对抗统治者的不归路？

白居易所有的情绪都不是空穴来风，现实的客观反映激起了他心中最真实的情感。社会风气的盛衰，人们生活的喜悲，无不牵动着他的心，这个世界上最柔软、最善良的心，看到这骊山想起那往日的不可一世，怎么能平静的下来。

唐代从繁荣走向衰退，他清楚地知道不是靠他一己之力就能挽回的，他只能用诗记录了那一段惊心动魄的岁月，记录中唐到晚唐的落败，记录一个人的无能为力，记录一个爱国人士的无能为力却又心有不甘。

他的诗词，为一个时代发声，却未能得到回应，时光依旧日复一日地书写着残酷的历史。

贞元二十一年（公元805年）正月，唐德宗驾崩，顺宗李诵即位，年号永贞。随后，政权动荡，革新派发动了一场如火如荼的“永贞革新”，以夺回宦官专权。白居易的好友刘禹锡、柳宗元等也参与其中。白居易也是对此十分赞赏的，只是官位低微，未能参与其中。

在闲暇之时，白居易便寄情与山水佛寺之中，为苦闷的心情寻求解脱。

慈恩春色今朝尽，尽日徘徊倚寺门。

惆怅春归留不得，紫藤花下渐黄昏。

——《三月三十日题慈恩寺》

诗词，是他的精神笔记。他所经历的那些美好的与悲痛的，都被定格在了他的诗词中，成了永恒。

那一日，他走过宽宽窄窄的小路，小溪平静地越过一个个山涧，夜幕为整个世界披上了黑纱。四周开始慢慢地静了下来，只有树叶被风吹动的沙沙声和远处游人阵阵的谈笑声。

淡淡的迎春花开遍的了山野，柳树上长满了嫩绿的新芽。

暖暖的春风一过，柳条儿轻扭着身躯，燕儿们唱着欢快的歌从南方归来。嘈杂拥挤的街道透露着世俗的喧嚣，繁茂的树林包围远处的古刹，只有那里永远都是那么静谧。

慈恩寺香火繁盛，院中青烟袅袅。上香祈福的人渐渐多了起来，人们都期盼着风调雨顺，国泰民安。

夕阳的余晖洒在铺满石子的小路上，顺着这条蜿蜒到了慈恩寺门口，却发现天色已晚，春色不再。

日暮黄昏，前来进香的人陆续离开了寺庙。这座古刹显得愈加安静，只有大殿里传出僧侣们诵经的声音。庙宇是神圣庄严的地方，又是收纳希望最多的地方。

夜晚，大地仿佛唤醒了的无数思绪，白居易一个人徘徊在慈恩寺外，思绪却已经回到了曾经与母亲一起玩耍的场面，那些美妙而欢愉的时光，也将成为他这一生之中最美好的回忆。

爱如小溪，涓涓在心田中流淌，最终都要汇进湛蓝的大海。那如大海般博大的温柔就是母爱，她们曾经都是美丽动人的画中人，含苞待放，娇艳欲滴，只是岁月又赋予了她们生儿育女的责任。不论发生什么事情只要看见母亲的笑脸，就会觉得天空依然晴朗。童年的一切总是和母亲联系在一起，到处都有她的味道、她的身影。

现在白居易已经成为一个男人，那个他曾经依恋的女人已经变成一个满头银发的老妇人。但她美好的一切已经深深地印刻在了他的脑海里。慈恩寺是李治为纪念自己的亡母文德皇后而修建的庙宇，整个建筑庄重、肃穆，表达了李治对自己母亲的崇敬以及热爱。

回想当年，母亲饱含泪水送他离开家乡，期盼着自己的儿子有朝一日能够成为国家的栋梁之材。又是一年，她在十里之外等待着自己衣锦还乡的儿子，风沙也遮挡不住她喜悦的目光。

母亲带给他太多的温暖和回忆，此生他都要尽力成为令她骄傲的儿子。每当白居易不知道该何去何从的时候，他总会想到那个午后，那个灿烂的笑容，一种力量便油然而生。

月亮从天边慢慢地爬了上来，暮色苍茫，惹人遐思。

伴随着夜色，他将对母亲的思念放在心头，享受这份属于他的温暖和憧憬。春色并没有离去，而是独自渗进了夜晚的霜露之中，等待着太阳照耀的那一刻。绿叶、新芽、繁花都开始生长，他将所有的思念都蕴藏在这春色里，年复一年。

第二节

独善诚有计，将何救旱苗

宪宗元和元年（公元806年），白居易任期满，赋闲在家。因为朝中与他熟识的官员大多被贬，所以为了得到新的任职，他必须要参加了当年的“才识兼茂明于体用科”考试。

与他一同参加考试的还有他的挚友元稹。考场上，满腹经纶的才子挥毫泼墨，洋洋洒洒写下了文章。最终，两人重新走上了仕途。元稹被任命为左拾遗，白居易为周至县尉。

这样的成绩，无疑是令两人兴奋的。五月底，白居易离开长安城，去一百三十余里外的周至县城赴任。

新的征途，新的风景，两位伟大的诗人，各自奔赴自己的理想和使命，然而世事却未能让一切顺遂。

几个月后，元稹因为不畏强权，直言进谏而被贬为河南县尉，而没过多久，他的母亲和岳父两位亲人又相继离世，给元稹造成了不小的打击。白居易听闻消息，心中沉痛不已。只是他官微言轻，只能远远地为好友送上祝福，希望他可以坚强地走过这一段艰难的人生旅程。

而此时的白居易，生活过得相对平顺，县尉的工作也相对清闲，他一面可以关心百姓，一面又有机会可以游历山水。

旱久炎气盛，中人若燔烧。清风隐何处，草树不动摇。
何以避暑气，无如出尘嚣。行行都门外，佛阁正岧峣。
清凉近高生，烦热委静销。开襟当轩坐，意泰神飘飘。
回看归路傍，禾黍尽枯焦。独善诚有计，将何救旱苗。

——《月夜登阁避暑》

这首诗被写下的时候已是元和二年（公元807年）。

夏天热情地让万物绽放，却又灼热得让人难以适从。诗人为了寻找清凉避暑的地方，最后登上了高处的阁楼。那是山上的一个凉亭，清静雅致。当他开襟而坐，顿觉心境开阔，身心清爽，这便是夏日里不折不扣的福地。

空气里翻滚着热浪，树木花草低着头，失去了往日的神采。

只有幽幽的丛林和那静静流淌的小溪，在这个夏天没有急躁，没有被炎热打败，依然从容淡定。各种树木依然翠绿，溪水依旧温柔。不管这世界怎样喧闹，他们还是那么平静，仿佛从来就不属于这个俗世。

远处的山上有一座寺庙，袅袅的青烟往高处蔓延着。每天都有人来到庙里祈福，希望神明保佑家人健康平安。寺庙古刹总能给人一种神秘庄重的感觉，让人望而生畏。红色的屋顶好像已经与天宫相接，传递着神秘的力量。

自古高处不胜寒，但在炎热的季节，高处却成了人们最喜欢的地方，那里是风儿停留的地方，鸟儿栖息的故乡。站在最高处，闭上双眼，将自己的灵魂放飞，所有的烦躁和不安都消失在空气中。只有自由的气息，挣脱了一切束缚。

诗人敞开衣襟坐在凉亭里，任由清风迎面扑来，俯视山下的一切，自觉像仙人般飘飘然。前所未有的爽快，这是他长久以来盼望的事情，终于找到一个可以让身心舒适的地方。静静地感受这份宁静与安逸，一种超脱的感觉油然而生。

然而，愉快的时刻总是短暂的，一览众山小的气魄和豪壮在看见那片几乎凋零的麦田时，荡然无存。小麦、玉米，以及蔬菜瓜果几乎枯萎，这样的天气不知道还要持续多久。农家人都在举行各种祈雨和祭祀仪式。

白居易在高高的阁楼上望见远处的庄稼，心生忧伤，这样大旱的天气，农民的收成可想而知。作为县尉，他要为百姓谋福祉，但是面对这种情况他却无能为力，只有上天的怜悯才能挽救百姓。就算收成不好，该向朝廷和地方上交的地税和租子还是少不了，这无疑是给百姓的生活雪上加霜。

农家人的命运总是不能掌握在自己的手里，上有神灵和君主，下还有各级官员，他们显得那么无助。

白居易深深地同情那些付出辛勤劳作的人们，他的一生都想改变贫苦百姓的生活，其忧国忧民的情绪全部融入他的诗作中，只有这些饱含深情的诗句才能够表达自己心中的感受。

田地里的麦苗就快枯萎了，有什么办法能够拯救这些垂死的生命？他们的生命与百姓的命运紧紧相连。如果这些庄稼死去，百姓的生活一定会更加苦不堪言。他仿佛看见了那些凄惨的场景。曾经因为战乱，庄稼基本上无人耕种，加上大旱的天气，悲剧时常发生。当草根、观音土都不能充饥的时候，竟有易子相食的场面出现，闻者伤心。他是经历过灾难的人，所以他更加珍惜太平盛世，只是太平盛世的背后又承载了多少血泪？

风调雨顺，国泰民安是皇帝听到最多的词语，这都无可厚非，地方官员只有这样才能得到皇帝的赏识，龙颜大悦是他们追求的目标，其他的事情，就只有瞒天过海。白居易憎恨那些无良的官员、无情的律法。百姓所缴纳的税务都是固定的，不会因为天灾人祸而有所减少。若是缴纳不了地税的人就要受到严峻的惩罚。这样的恶性循环，令百姓的生活苦不堪言。

太阳依旧火辣辣地晒着，没有任何减弱的迹象，不知道这样的天气还要持续多久？白居易开襟而坐，丝丝的凉风钻进了他的怀中，仿佛在诉说着什么。他抬头看看天空，期盼着今年这场迟来的雨浇灌他的心田。他好像已经闻到了雨打泥土发出的清香，希望就在明天，或许上天也不想看见荒凉的场景，所以使者终究会到来，大家只需静静等待、期盼。

那是雨的声音，滴滴答答的，有的落在树叶上，有的落在了地上，恍然间，万物开始复苏了……

第三节

庶保贫与素，偕老同欣欣

元和三年（公元 808 年），白居易与杨虞卿的堂妹完婚。想起他曾经深情恋慕的湘灵，想起曾经种种，白居易心中不禁一阵叹息。

美人与我别，留镜在匣中。
自从花颜去，秋水无芙蓉。
经年不开匣，红埃覆青铜。
今朝一拂拭，自照憔悴容。
照罢重惆怅，背有双盘龙。

——《感镜》

他们曾经相爱，相知相惜，最终却只留下铜镜，人去楼空，徒留美丽的回忆。她已经嫁为人妇，成为别人的妻子，他也只能偶尔看看她留下的铜镜，以解相思之苦。

湘灵离去后，他将这面铜镜放在匣子里。这是他唯一的纪念，曾经美丽的她对着镜子梳妆，那时镜子里全是她美丽的容颜，仿佛昙花开放，美丽的颜色绽放在镜子里。

自从她离开之后，院子里的花儿也失去了原来的颜色，那片灿烂已经变成了曾经。湖中的芙蓉花不见了，只有残败的荷叶在湖中漂浮着。伊人已去，诗人的心也被带走了。

这个匣子很多年都没有打开过了，盒子上还有一层厚厚的尘土。青铜的光泽透过铁红色的灰尘依旧迷离。这一日，白居易擦拭盒子上灰尘，拿出匣子里沉睡的镜子，照着自己的憔悴的脸庞，心中冰冷。每次看见这面镜子都是他最憔悴的时刻。

就是这样一个女子，曾经带走了他的心，她高雅、才华横溢，紧紧地抓住了白居易的心，只是他们最终没能走在一起。伊人离去，只留下一面铜镜给这个多情的诗人。

古往今来的爱情就是如此，两情相悦、山盟海誓之后或许是美好未来，或许只有撕心裂肺的痛苦。时过境迁，依然感激上苍能够遇见这个人，经历这段感情。就算最后只剩下一个念想、一段回忆，还是觉得生活充满了幸福。

他们都是那个时代里的痴男怨女，只能将自己的深情尘封。白居易没有冲破世俗的枷锁，选择自己的幸福，却选择了遵循世俗的安排，或许这样才会留下人生最美好的回忆。

他羡慕那些得到自己心爱女子的男人，他们是多么的幸运，但是世间却多是负心男子。或许只有得不到的东西永远是最令人心驰神往的，被辜负的女子何止一二，不知道多少女子抱着美好的愿望，最后遍体鳞伤。究竟是谁辜负了谁，谁伤害了谁？感情世界里永远难分对错，唯有坚持自己的选择一直朝着未来走去。

他猜想，那曾经羞涩的女孩，现在或许已经变成了一个做事稳重的母亲。也许此生不会再相见，但他不会忘记她那美丽的容颜，所有曾经美好的故事，都将在记忆里永恒。

如今，铜镜成了他对于这段感情唯一的精神的寄托，他将自己的喜怒哀乐全都寄托于铜镜，希望铜镜能够将自己内心的挣扎与伤痛全部抚平。不知道这面镜子是否感受到了那个痴情人的呐喊。

镜子静静地躺在匣中，却满是灰尘，如此挚爱的镜子怎么会如此呢？因为他有一颗矛盾的心，数年间一直如此，珍惜却不愿想起太多，或许太多的回忆本身亦是一种伤害。

镜子的主人，那个令他终生难忘的女子，希望她也同样记挂着这个痴情的男人。月光洒满大地，经过夜的洗礼，太阳依旧东升西落，或许，下辈子他们还能相遇。

回忆过后，他便要将铜镜收起，把过去放进回忆里，在未来珍爱眼前人。

他的妻子亦是一个美貌的女子，也是城中有名的才女。她的名字，他早就听过。得到这个女子，他仿佛得到了珍宝一般，曾经辗转反侧，久不能寐。那些等待迎娶的月夜，他的心中充满了期待，他一直在幻想妻子的样子，一定是像这月色一样迷人。

她也是一个幸运的女子，遇上一个怜香惜玉的男人。他欣赏她的才华，热爱她的容貌，想要将这个世界上最真切的感情全都给她。小小的院落里，充满了温馨的气息，白居易为她种上了她最喜欢的莲花，还有葡萄树。看着莲花、葡萄树慢慢长大，他们的爱情也已经生根发芽。

他们在这个院子里迎来了他们第一个孩子，所有的美好都在这个院子里悄悄地生长。每当夏天来临，他们一家人坐在葡萄架下乘凉、聊天，任凭外面如何喧嚣，这里都是一片安宁。

日子一天天地过去，惬意而又安静。他的妻子终究成了他所期盼的模样，还为他生儿育女，一家人享受着天伦之乐。夫妻和睦，其乐融融，有妻如此，夫复何求？

古今多少英雄豪杰为了自己挚爱的女子，抛头颅洒热血，只为得到美人的眷顾。又有多少女子将自己的青春和爱全部奉献给一个男人，相伴到老，至死不渝。

爱，总是那样美妙，充满着千般炫目色彩。

于是，他用沾着幸福的笔墨，赋诗一首，写下了向往和憧憬。

生为同室亲，死为同穴尘。他人尚相勉，而况我与君。黔娄固穷士，妻贤忘其贫。冀缺一农夫，妻敬俨如宾。陶潜不营生，翟氏自爨薪。梁鸿不肯仕，孟光甘布裙。君虽不读书，此事耳亦闻。至此千载后，传是何如人。人生未死间，不能忘其身。所须者衣食，不过饱与温。蔬食足充饥，何必膏粱珍。缯絮足御寒，何必锦绣文。君家有贻训，清白遗子孙。我亦贞苦士，与君新结婚。庶保贫与素，偕老同欣欣。

——《赠内》

也许，世间的夫妻生来注定就是一家人，死后还要同穴而葬。淡淡的情，浓浓的爱，是夫妻间最恒久的常态。朋友之间都相互勉励，何况夫妻之间。春夏秋冬，四季变换，岁月的齿轮从来没有停止脚步，只有夫妻间依旧唇齿相依，这感情让诗人深感知足，虽然并没有惊天动地，却是温暖相依。

古往今来，多少恩爱夫妻羡煞旁人，他们的故事被后人一代代传诵。

遥远的西晋边塞，四周一片荒芜，只有一缕炊烟孤单地盘旋在天空，那是他的家。他沿着山间的小路一直朝家走去，脸上还有丝丝的笑容。原来家中有贤妻等候，所有的辛苦都变得微不足道。

陶潜不懂得维持生计，翟氏便承担起了家庭的担子，饲养家畜，砍柴烧饭，从来没有埋怨过自己的丈夫。梁鸿满腹才华却不愿意做世俗的奴隶，不愿意入朝为官，其妻孟光甘愿穿上粗布麻衣与他相伴直到天荒地老。

很久之前听说这些故事时，白居易总会思索，与自己举案齐眉的那个人究竟是谁？他曾希冀着能与妻子相亲相爱，如同曾经感动自己的故事一样。

人生在世，其实很简单，绫罗绸缎和粗布麻衣其实没有太大的区别，都是遮羞保暖的作用罢了，只要妻子在自己的心中是美好的，无论她穿什么，便永远都是最美丽的女子。

在平凡的日子里，家常便饭就能解决温饱问题，何必去追求那些山珍海味。等到百年之后，一切还有什么差别。内心的幸福和满足远远比那些虚无缥缈的事情更加重要。

所以，自从那天大红花轿将妻子抬进家中，他便认定了这个女人，她将是自己永远的挚爱。诗人自觉并不是什么达官贵族，但是他憧憬着与妻子过上幸福平静的生活，不论贫穷富有，无论生老病死，都要幸福地生活在一起。

白居易十六岁开始闯荡仕途，他生活的重心全部都在读书、为官上。在长安落寞的夜里，他也渴望有一个人可以陪伴。远处的屋子里点着明亮的油灯，一个男子正在与孩子玩耍，妻子在油灯下为他们做着衣裳。这样简单温馨的画面，早已经在白居易的脑海里描画了无数次。

对于自己的妻子，白居易心中充满了怜爱。她也是知书达理的大家小姐，算不上博古通今，却也是一个饱读诗书之人。他的心中充满了期待，因为他觉得自己的妻子一定会是一位贤妻。白居易写这首诗不仅是作为共勉，更是向妻子表达自己心中对于婚姻的期望和决心。

白居易的婚后生活，一直都很快乐，他的妻子真的是一个与他心灵契合的人，他们的生活一直都很惬意。

第四节

天长地久有时尽，此恨绵绵无绝期

白居易是一个感情细腻的男人，也是一个怜香惜玉之人，他爱惜那些花一般的女子，她们美丽、脆弱充满了感伤。越是耀眼的女人，越是要承受诸多的磨难。于是，许多女子哀伤的身影，浓缩在他的笔下，轻舞在他的诗中。这其中，最负盛名的要属《长恨歌》。

汉皇重色思倾国，御宇多年求不得。杨家有女初长成，养在深闺人未识。

天生丽质难自弃，一朝选在君王侧。回眸一笑百媚生，六宫粉黛无颜色。

春寒赐浴华清池，温泉水滑洗凝脂。侍儿扶起娇无力，始是新承恩泽时。

云鬓花颜金步摇，芙蓉帐暖度春宵。春宵苦短日高起，从此君王不早朝。

承欢侍宴无闲暇，春从春游夜专夜。后宫佳丽三千人，三千宠爱在一身。

……

临别殷勤重寄词，词中有誓两心知。七月七日长生殿，夜半无人私语时。

在天愿作比翼鸟，在地愿为连理枝。天长地久有时尽，此恨绵绵无绝期。

——《长恨歌》

唐玄宗与杨玉环的故事一直广为流传，白居易也被这一段感情深深地打动。他们是感情世界中的勇者，没有顾虑，没有担忧就那样为了爱情背上了千古骂名。

深宫院落里，杨玉环轻舞在花丛之中，春去秋来，牡丹花的颜色在她的身旁逐渐变得暗淡。多少人想一睹她的容颜，都未能如愿以偿，王侯将相、一介布衣皆以一睹她的容颜为荣。而这样的女子绝对不会沉寂在历史的长河中，华丽的轿辇将她抬进了神圣的宫殿，雕栏玉砌，富丽堂皇，那是世间最权贵的地方。一层层的纱帐里是那个拥有全天下的男人，他在等着她，她感受到了他炙热的心灵，那是可以灼烧一切的狂热。为了得到她，这个男人背弃了太多。

他是这个世界的主宰，却那样宠爱着她，前世今生，那是因缘的轮回。只是一眼，一代帝王李隆基就爱上了自己儿子的妻子。他们的命运都从那一刻发生了变化。本来两个平行的轨迹开始有了交集，火花四溅，灼伤了身边的人。

红色的屋顶上，停着几只雪白的鸽子，蓝蓝的天空将眼前的宫殿衬托得更加华丽了，各种精美的雕刻，色彩斑斓的壁画，院中种着各种名贵的植物。走进他为她准备的住所，有点透不过气，她虽生在富贵人家却也没有见过如此奢华之地。金簪将她的脸衬托得更加迷人，雍容华贵是专为她这样的女子存在。

偌大的宫殿，只能承载他们的爱情，别人早已没有了位置。他不再愿意注视别的女子，只有她是他心中唯一的牵挂。日月变化，他不知道自己送走了多少日日夜夜，灵魂飘零在空荡的宫中，没有着落，没有归宿。只有她，让他再次找到了心脏的位置。他想将世间所有的美好的东西都献给这个女子。

每当深夜总有幽怨的声音在宫中回荡，不知道又是哪一个被送进冷宫的女子发出的悲鸣。他拥有后宫三千佳丽，却只珍爱她一人。那些被遗弃、被冷落的女人又将该如何生存？

白居易深深地同情着后宫中的女子。在他的身边也有很多女子被送进了宫中，她们抱着最美好的希望，最后却发现那是万丈深渊，青春和热情就在身边那日复一日、年复一年的黑暗中蹉跎。只有极少数的人能够得到帝王的垂爱，其他人只是那深宫后院的牺牲品。高高在上固然令人羡慕，终有一些人只能老死在宫中而不为人知。

然而，万千宠爱集于一身又能如何？终究还是有那么多人不得善终。生前看似无限风光，死后却是那般凄凉，或许是后宫的女人怨气太重，灼伤了她们的幸福，抑或是过于奢靡的生活遭到了世俗的妒忌。

丝竹管弦的声音在骊山上幽幽地响起。骊山高处，耸入云端，这是他与她追逐浪漫的地方。在那里与优美的音乐围绕，心爱的人儿陪伴，是世间最大的美事。他是这个世界上最幸福的男人，他拥有至高无上的权力，还得到了美人的芳心和爱情。骊山别宫因为他们绝世之恋的渲染而更加美丽。

他们的爱情，纵使名垂青史，也不过是昙花一现，她却倾尽了所有。

虽然，杨贵妃不得善终，但在白居易的眼中她比很多长命百岁的女人更加幸福，因为她得到了一个男人完整的爱情，这是多少女人望尘莫及的。

他更是感受到了帝王的落寞，李隆基只是想与自己心爱的女人一起终老，这样简单的愿望到最后变成的奢望。

而心中存有遗憾的帝王不仅仅是李隆基，还有痴情的汉武帝。一颗敏感的心，穿透时光的城墙。白居易似乎看见了汉武帝的悲伤，武帝招魂的疯狂举动足以表现出他对李夫人的深情。

汉武帝，初丧李夫人。

夫人病时不肯别，死后留得生前恩。君恩不尽念未已，甘泉殿里令写真。

丹青画出竟何益，不言不笑愁杀人。又令方士合灵药，玉釜煎炼金炉焚。

九华帐深夜悄悄，反魂香降夫人魂。夫人之魂在何许，香烟引到焚香处。

既来何苦不须臾，缥缈悠扬还灭去。去何速兮来何迟，是耶非耶两不知。

翠蛾仿佛平生貌，不似昭阳寝疾时。魂之不来君心苦，魂之来兮君亦悲。

背灯隔帐不得语，安用暂来还见违。伤心不独汉武帝，自古及今皆若斯。

君不见穆王三日哭，重壁台下伤盛姬。又不见泰陵一掬泪，马嵬坡下念杨妃。

纵令妍姿艳质化为土，此恨长在无销期。生亦惑，死亦惑，尤物惑人忘不得。

人非木石皆有情，不如不遇倾城色。

——《李夫人》

汉武帝是汉朝的第七位皇帝，开拓汉朝最大版图，功业辉煌。他是一位令人敬佩的君主，是铁血铮铮的真男人。世人都仰视他、崇拜他。他有侠骨亦有柔肠，杀伐百万，血洗疆场，从容应对；却对李夫人，这样一位佳人魂牵梦萦，难以割舍。

“北方有佳人，绝世而独立，一顾倾人城，再顾倾人国。宁不知倾城与倾国，佳人难再得。”

李夫人病入膏肓，一直遮挡着自己的面容不与汉武帝相见，她只想将自己最美好的容颜留给她崇拜、深爱的男人。李夫人红颜薄命，进宫几年就香消玉殒。而汉武帝思她心切，夜夜不得安寝。

听闻有人可以将亡者的魂魄带来阳间与亲人相见，汉武帝十分高兴，在宫中举行了法事，希望能再见夫人一面。这种深情令人感动，得到一个帝王纯真的爱是一个女人的幸运，毕竟那是极少数的荣耀。宫里三千佳丽围绕在一个男人身边，她们国色天香，温柔婉约，知书达理，并用尽浑身解数只为得到这个男人的垂青与眷恋。无疑，李夫人得到了这个荣幸。

既然是注定要别离的结局，为什么还要相遇？以痛苦收场的感情，为什么还要开始？越是在乎的东西，越经不起时间和世俗的纠缠，只要些许的变化都会造成巨大的伤害。活着的时候，是生存的烦恼，还有很多因素影响着彼此的生活，只要活着，一定会受到外界的影响。各种利益的纠葛以及礼教、身份、地位等，任何一种都会影响到内心的情感。死亡是残忍的掠夺，留给活着的人，最大的伤痛。

如铁石般坚硬的心肠也会有柔软的一面，自古情关难过，只要动了真情，那就是一场浩劫。“问世间情为何物，直教人生死相许。”这就是爱情的美妙之处，可以让人生，亦可以让人死。这样美丽的女子，若是不能相伴一生，有何必要让英雄与她相见。难道就是为了让他一睹世间的美丽，却不能就此拥有而抱撼？这是人生最大的伤悲，普天之下莫非王土，他已是应有尽有，然而终究存在遗憾之事。

看到历史上很多帝王与绝色佳人之间的故事，少有白头偕老的结局，却多为凄美的故事。美好的事物总是令人心存向往，众人都想拥入怀中。白居易看见的不是那份拥有的美好，而是痛心疾首的失去。

常人亦有千万般无奈，何况一个帝王。他的世界看似风光，实则却要承受常人无法预知的伤痛。他要比一般人更加坚强，更加决绝，这也是他的命运。走在望不到头的长廊上，他也恐惧过那漫无边际的黑暗，而为了他的国家、他的子民，他必需独自走过去。

偌大的皇宫，成千上万的灯都照不亮那黑暗的天空，他想看清她的脸，殊不知，那只是一个遥远的梦。天人永隔已经成为不争的事实，他默默地离开了神坛，他没有怪任何人，因为他知道是自己在要求一个不可能实现的奇迹。他开始变得安静了，一切都恢复到了从前。只愿梦里再与爱人相见，再看一眼她美丽的容颜。

白居易欣赏那样至情至性的男子。他是至高权力的拥有者，他的一生杀伐决断从未有所犹豫。在世人的眼中，他是一个只会征战的勇士，谁都不会想到他会为了一个女子如此伤怀。仿佛他一下子从高高的神坛上走来下来，成为一个普通男人，也会为了自己心爱的女子伤心落泪。

触动白居易敏感心绪的，不仅是帝王恋歌，更有命运悲苦的宫女。自古宫中女子多仇怨，何况是看守陵园的女子。她们是活着的殉葬品，一生的青春和时光都奉献给了一个已经死去的人。皇室一直坚持着这个残忍的陋习，皇上以及皇亲贵胄活着或者死去都比平民百姓的生命要珍贵得多。白居易憎恨这些不平等的制度，只是普天之下莫非王土，率土之兵莫非王臣，谁又能躲过那铺天盖地的皇权？

陵园妾，颜色如花命如叶。命如叶薄将奈何，一奉寝宫年月多。

年月多，时光换，春愁秋思知何限。青丝发落丛鬓疏，红玉肤销系裙慢。

忆昔宫中被妒猜，因谗得罪配陵来。老母啼呼趁车别，中官监送锁门回。

山宫一闭无开日，未死此身不令出。松门到晓月裴回，柏城尽日风萧瑟。

松门柏城幽闭深，闻蝉听燕感光阴。眼看菊蕊重阳泪，手把梨花寒食心。

把花掩泪无人见，绿芜墙绕青苔院。四季徒支妆粉钱，三朝不识君王面。

遥想六宫奉至尊，宣徽雪夜浴堂春。雨露之恩不及者，犹闻不啻三千人。

三千人，我尔君恩何厚薄。愿令轮转直陵园，三岁一来均苦乐。

——《陵园妾》

为皇帝守灵的宫女们年轻貌美，不知是谁家的女儿如此不幸。她们有着花朵一样的容颜，命运却连花叶都不如。生在这个时代就要承受这时代赋予自己的命运。

时光流逝，岁岁年年，已经忘记来到这里之前的岁月，只有那些春愁秋思还牢牢地记在心间，只是不知道这样的孤苦有没有尽头。

忧思过度，鬓角的头发已经脱落稀疏，身上的裙子越来越宽松了，时间让她们变得更加憔悴。只能默默地忍受，等待着有一天可以放她们离开这个地方，过上正常人的生活。曾经因为在宫中被奸人陷害，才发配到皇陵为已经故去的皇上守灵。母亲们一路哭喊着，跟在马车后面不肯离去，宫中的太监将她们送到锁上门就离去了。

山宫的门一旦锁上就难再开，大概只有死去才能离开这里。陵园植松为门，月光照耀在松树上银光闪闪。陵园里面还种满了柏树，每日都寒风瑟瑟，整颗心更是被冰冷所包裹。

松柏围成的黑暗城门终日紧闭着，只有听着查明鸟叫才能感觉到一丝丝的生气。看着菊花的花蕊黯然落泪，手里拿着梨花心中却更冰冷。拈一朵花儿轻轻哭泣，不想让人看见，其实她们心中也明白不会有人会因为她们的眼泪而感伤。陵园里的青石板长满了青苔，像是没有活人在这里生活一样。

一年四季白白发给她们胭脂水粉，打扮了还是没有人欣赏，因为这里只有躺在陵园里已经仙逝的皇帝。她们此生可能见不到现在的皇上的龙颜一面，那些胭脂水粉对于她们来说都是些无用的东西。

平常百姓很难知道皇家的这些事情，他们不知道自己的孩子入宫中之后生活的凄凉，甚至还有人想尽办法希望自己的女儿进宫。他们只看见那些得宠妃子的荣耀，却看不到后宫里黑暗的生活。

白居易通过宫女对自己生活的回忆作了这首诗，他想让更多人了解宫女悲惨的生活。一个花容月貌的女子却只能与枯骨为伴，这是多么令人寒心。

又是一年寒风凛冽时，皇上就寝的宫殿里一直亮着灯，暖炉里一直烧着炭火，一群宫人在皇上身边服侍着。外面掌灯的宫女，站在门口，冷得发抖，一直注视着手中的灯笼，生怕一不小心，那细微的烛光被吹灭。

黑暗的夜里，陵园里的宫女们还在为亡灵念着佛经，这是她们每天例行的事务。只有念着佛经的时候才会觉得心是宁静的，希望她们守护的亡灵能够感受到这些活人真诚的期盼。

她是一个小官的女儿，因为父亲爱慕虚荣将她送进了皇宫，希望她有一天陪王伴驾，那将是整个家族的荣耀。她就是肩负着这样的命运进入了宫中，姣好的容貌是她唯一的资本。没有想到她进宫不久就受到奸人陷害，被送进了这个不见天日的地方。重获自由之时，她从一个少女已经变成了一个老妇，只是不知道她还能过多久。

白居易见到这个年迈的宫女，与她聊起了宫中的生活。她哽咽着向白居易讲述着自己经历，真是闻者难过，见者伤心。若是没有进宫，或许她现在已经子孙满堂，享受着天伦之乐。他同情她，这个妇人一定承受了平常人难以理解的孤独与寂寞，现在成为孤苦无依的老人，只能依靠辛苦攒下来了积蓄艰难度日。即便如此，她依然心存感激，在有生之年，她还能获得自由，还能吸收到外面世界的空气，她已经知足了。

听到这里，诗人也落泪了，不知道深宫中还有多少女人忍受着这样的苦痛，没有出头之日。他有这样的理想，希望有一天，人们过着饱暖、富足、平等的生活，没有这样的不公，没有身份地位的差距，幸福快乐地生活在这个世界上。不知道他的愿望何时才能实现?

第三章

景韵：诗词歌赋尽是秋 大河上下英雄魂

他愿意成为一面镜子，照尽天下奸佞，也能将帝王的心照亮，为百姓照出一条光辉大道，哪怕是粉身碎骨也觉得欢欣愉悦。但这个世界并没有给他实现理想的机会，只能将这份心情默默收藏。

第一节

阴阳神变皆可测，不测人间笑是瞋

白居易在官场几载沉浮，就经历了纷繁多变的政治斗争，反复的变换、昏暗的官场让他身心疲惫，也深深地体会到为官不易。有一种声音时常在他的心中回荡，“达则兼济天下，穷则独善其身”，他经常告诫自己，纵使仕途通达，官禄攀升，也要时刻保持清醒的头脑。任何时候，无论身居何职，都要淡薄名利，始终守住本心。

天可度，地可量，唯有人心不可防。

但见丹诚赤如血，谁知伪言巧似簧。

劝君掩鼻君莫掩，使君夫妇为参商。

劝君掇蜂君莫掇，使君父子成豺狼。

海底鱼兮天上鸟，高可射兮深可钓。

唯有人心相对时，咫尺之间不能料。

君不见李义府之辈笑欣欣，笑中有刀潜杀人。

阴阳神变皆可测，不测人间笑是瞋。

——《天可度》

天有多大可以测算，地有多长也可以丈量，唯有险恶的人心，却是难以预料、难以防备的。这是白居易作为谏官对官场的观察后的高度概括。诗中有愤慨，心中有悲壮，这世事，无处不让他感到凄凉。

《天可度》是新乐府中的诗。正如他在《新乐府序》中明确宣布，他的诗是“为君、为臣、为民、为物、为事而作，不为文而作也”。

当时，曾经繁盛的唐朝已经逐渐走向衰落，这是每一个封建王朝的命运，从建立走向繁荣，再步入衰败。白居易看见了王朝衰落的趋势，心中忐忑不安，究竟是什么原因让一个王朝走不到历史的尽头，纵观历史，没有那个朝代能够长久的统治，最后，必然内忧外患，硝烟四起，走向败落。

百姓的苦难如同浪涛，一波一波地涌入白居易的眼帘。悲愤之余，他大呼，鸟可射，鱼可钓，唯有人心不可测。微笑的背后隐藏着冰冷的刀锋。权谋利欲，抹杀了人性。这不堪的世道里，尽是些残酷悲凉的故事。

普天之下莫非王土，率土之滨莫非王臣。只是他只感受到了与生俱来的责任与压力，却没有感受到天子的恩泽庇佑。从童年开始他一就直生活在战乱之中，饿殍遍野，流离失所，无家可归是他看到的生活。而他是幸运的，没有受到战争的摧残，但是那些令人恐惧、难忘的场面却不曾忘怀。

小时候，忠君爱国的思想就已经在他的心中深深地扎下了根。他仰视着天子，仿佛那就是他的神。走上仕途的人，都梦想着有一天可以为百姓创造幸福的生活，为君王排忧解难，这就是他们的人生目标。而当时光渐行渐远，他的机会来了。

元和三年（公元 808 年），白居易被任命为左拾遗，成为皇帝身边的谏诤之官，自此，他的心中便生出了一种正义和责任感。他希望自己能成为一面铜镜，为君王呈现世事的真相。

百炼镜，镕范非常规，日辰处所灵且祇。江心波上舟中铸，五月五日日午时。

琼粉金膏磨莹已，化为一片秋潭水。镜成将献蓬莱宫，扬州长吏手自封。

人间臣妾不合照，背有九五飞天龙。人人呼为天子镜，我有一言闻太宗。

太宗常以人为镜，鉴古鉴今不鉴容。四海安危居掌内，百王治乱悬心中。

乃知天子别有镜，不是扬州百炼铜。

——《百炼镜—辨皇王鉴也》

上好的铜镜一定要用非同一般的模具，还要恭敬地挑选好的时辰、好的地点才能铸成，同时必须拥有一颗诚挚的心，真心的期盼才能得到最精美的铜镜。它可以将人的内心看穿，将一切的丑恶都显现出来。这面神奇的镜子一定要经过千锤百炼才能得到。

在长江中心的小船上，在五月初五那天的午时，开始铸造铜镜，等着铜镜出炉的那一天，一定光芒四射，所有的人都会为它倾倒。琼粉金膏将铜镜装饰得玲珑剔透，仿佛是一潭秋水一样，平静、清透，没有一丝波澜。

将铜镜放在蓬莱宫中，期盼神灵赐予它神奇的力量，能将世间的奸恶尽数照出，让丑陋无处可藏，那么整个世界就像这面镜子一样干净。扬州官位最高的官员亲手将镜子封藏。等待着国家进入黑暗时，希望它能够变成太阳将天空照亮。

人间的凡夫俗子不应该去照这面镜子，只有神圣的君主才有资格使用这面镜子。帝王如同九天中的飞龙一样让人仰视，只有这样的人才能配得上这样的镜子。人人都说这面镜子是天子镜，这让诗人想起了唐太宗的事迹：“太宗尝谓侍臣曰：夫以铜为镜，可以正衣冠；以古为镜，可以知兴善；以人为镜，可以明得失。”君王应该有这样的气度，用历史的兴衰成败时时鞭策自己，身边的忠臣则是皇帝的另一面镜子，可以让他知道自己的过失与功绩。

唐太宗常常以人为镜，可以让他更加清楚地明白古时今日的一切，千金难买的是一颗为国为民的心。天下的安危都在皇帝的手中掌控，天下苍生的幸福都在他一人肩上。

然而，“贞观之治”的辉煌一去不复返，唐太宗的后辈躺在祖先的开创的江山上安然享受。他们看不到祖辈辛苦打下的江山正在被一点点侵蚀，白居易认为当时的君王最需要的就是这样一位敢于说出真话的谏臣，让他感受到时局的动荡、百姓疾苦，下决心整改，那么唐王朝一定会更加繁荣。他不期待自己在这乱世里加官晋爵，只希望战乱纷争能够早日结束。

他对唐太宗那样的贤君充满了敬佩之情，只有那样的贤君才能带领一个国家走向繁荣，才能让百姓过上安定的生活。拥有这样的君主是天下子民的福分，同是李家王朝，都是唐太宗的子孙，差距却是那样悬殊，真是令人感叹。

曾经他认为皇帝不进行改革、不勤于朝政是因为天下缺少能够直言不讳的臣子，然而主要的根源还是贤臣遇不上贤君，奸佞是每个朝代都避免不了的，只是忠心耿耿的贤臣却是贤明的君主挖掘并且培养出来的。

他想，若现在的君主是像唐太宗那样的明君，那样他也可以成为像魏征那样的贤臣，辅佐那样的君主定是一个臣子毕生的荣耀。

他愿意成为一面镜子，照尽天下奸佞，也能将帝王的心照亮，为百姓照出一条光辉大道，哪怕是粉身碎骨也觉得欢欣愉悦。但这个世界并没有给他实现理想的机会，只能将这份心情默默收藏。

所以，白居易在职期间，奏请皇帝免去江淮灾民的赋税，释放一些宫人，尽量消除妇女孤居之苦，减少公众开支，罢免宦官职务……总之，建议众多，皇帝采纳了其中的一部分，却没有罢免宦官。

昏聩的皇帝，混乱的朝政，他只能凭借自己的能量，支撑一片光明，勇敢前行，而未来是什么模样，他却始终迷茫。

不久之后，一件事再次刺痛了白居易的心，白居易的好友元稹与宦官刘士元发生了挣斤事件。宦官刘士元动手打伤了元稹。

白居易听说后，大为震惊，从古至今，宦官殴打朝廷命官都是一件违法的事。可是皇帝没有治刘士元的罪，反而贬了元稹的官职。白居易义愤填膺，数次觐见，为好友申辩，却没有起到半点作用，最终元稹还是被贬江陵。

一个宦官竟然能随意欺凌朝堂上的官员，这实在是唐王朝的悲哀，白居易倍感心痛。好友被贬，从此远隔天涯，他的心情更加孤闷。嘈杂的长安城，他却觉得空荡荡的。奸佞当道，世事险恶，盛世背后隐匿着腐朽和衰亡。

官场上的钩心斗角、尔虞我诈、相互猜忌，让白居易受够了。就连内廷的月亮，也似乎被这尘世间的污泥玷污了。

一个人能把国家的、人民的事情系在自己身上，那么他的生命便会和国家人民的命运连在一起。人民的疾苦，会触痛他的每一根神经。

所有的痛，都在他的脑海里盘旋沉淀，最后在他的生命中留下深深的烙痕。他将心中的热血和痛化成了诗墨的利剑，尖锐地刺破封建阶级虚伪的面纱。所有黑暗、动乱、肮脏，被他暴露在日光之下。他的笔，不会对黑暗留情，上至宫廷，下至官吏，他的每一句诗，都是利剑刀锋。

他公然树立一杆光明和正义的旗，与那些黑暗腐朽的力量为敌。他的所作所为，让这个封建陈腐的社会震惊。毋庸置疑，他必将面对社会的非议，所有唇枪舌剑都会直指他。最痛之痛，是他的枕边人还有他的孩子，都说他不该如此尖锐。于是，在这个世界里，他越来越孤独。

《新乐府》五十首，每一首都有一个题解，一个题解就是一个中心思想，一个中心思想就是一个宣言，“苦宫市也”、“伤农夫之困也”、“贪女工之劳也”、“戒边功也”、“忧蚕桑之费也”、“念寒隽也”、“戒求仙也”、“刺佛寺浸多也”、“疾贪吏也”，这都是他的心血。

每一首诗中，都有他的痛、他的怜、他的恨。既然恨，就要恨个彻底，既然他还有握笔的力量，就要奋战的到底。他要用笔尖的力量，刺痛那些虚伪狡诈的人，那些坑害百姓的人。

时至今日，我们依然能够感受他们那一颗忠诚热情的心灵，还有那些他带来的感动。

第二节

自古此冤应未有，汉心汉语吐蕃身

唐朝中叶，边关战事连连，有些将士拥兵不战，却妄想邀功请赏。这种不正之风已经盛行许久，外族还没有将自己打垮，倒是内部已经开始变质，这是一个朝代走向衰落的主要原因。

望长城内，茫茫大地，这就是炎黄子孙赖以生存的地方。百姓服兵役、交军饷，只想求一个安稳的生活环境。边关的将士背井离乡，但打仗难免流血牺牲，不知道多少英魂埋在了异乡，最终没能回到故土，回到亲人身边。

从长安城出发，一路走向遥远的边塞。路树成荫，车水马龙，一片繁华，这是大唐盛世的景象。一直北上，宽广的平原，奔腾的河流，山河依旧壮美，太阳仍旧东升西落。这些大自然的景观从来不会因为任何人而改变，风云变幻，改朝换代，人们看似惊天动地的瞬间也不过是历史长河中的一段过往。

跨过一条条河流，翻过一座座大山，走向偏僻寂寥的地方。不知是风沙迷了眼睛，还是眼睛招惹了风沙，泪水从眼角滑落，男儿有泪不轻弹，只是未到伤心处。眼前的荒凉，让人的心不禁为之一颤。枯黄的草原，似乎已经好久没有雨水的滋润。远处还有几处草舍在海风中摇曳着，苍凉之感与长安的繁荣相差甚远，像是两个不同的世界。

白居易看尽了官场的尔虞我诈，决心出外旅行，走进名山大川，别有一番情趣。

江南水乡，细腻温柔，就像一个多情的女子，触动着他心灵最柔软的部分。尽管百姓生活艰辛，他们依然保持着快乐的心境。每当丰收的季节，更是一番欢天喜地。走到塞外，黄沙万里，还有一望无际的草原，荒凉中带着诱人的味道。曾经这里是多么令人向往的地方，策马驰骋在草原上是男人们的豪情。

而今，却物是人非，四处透露着寂寥。战争已经将塞外风光摧毁，只留下那荒芜的草原和黄沙。再秀美的风景失去人的辉映都会变苍白无力。曾几何时，一群人围着篝火唱歌、跳舞的时光一去不复返。现在只剩下一片萧条，一场凋零。

那些失去家园的人儿是否在某个地方过上了富足的生活？

他抬头看看天空，天空怎么变得那么高，曾经觉得触手可及的天空现在好像已经离自己很远很远。天伦之乐、温饱的生活，这些看似简单的需要，在这个年代、这个地方却变成了最大的奢望。

有什么比生离死别更加让人痛苦？你身在此处，却不知道亲人身在何方，是否平安，是否健康。或许，此生难以相见，只有在心中默默记挂着彼此。

希望流落到那个世界人们，有一天能团聚，紧紧拥抱，不再痛苦、不再孤寂。在旅途中，白居易遇见了一群可怜的苦命人，听闻了他们的故事，倍感心痛，挥笔写下了这段悲痛的故事。

缚戎人，缚戎人，耳穿面破驱入秦。天子矜怜不忍杀，诏徙东南吴与越。黄衣小使录姓名，领出长安乘递行。身被金创面多瘠，扶病徒行日一驿。朝餐饥渴费杯盘，夜卧腥臊污床席。忽逢江水忆交河，垂手齐声呜咽歌。其中一虏语诸虏，尔苦非多我苦多。同伴行人因借问，欲说喉中气愤愤。白云乡管本凉原，大历年中没落蕃。一落蕃中四十载，遗着裘系毛带。唯许正朝服汉仪，敛衣整巾潜泪垂。誓心密定归乡计，不使蕃中妻子知。暗思幸有残筋力，更恐年衰归不得。蕃候严兵鸟不习，脱身冒死奔逃归。升昼伏宵行经大漠，云阴月黑风沙恶。惊藏青冢寒草疏，偷渡黄河夜冰薄。忽闻汉军鼙鼓声，路傍走出再拜迎。游骑不听能汉语，将军遂缚作蕃生。配向东南卑湿地，定无存恤空防备。念此吞声仰诉天，若为辛苦度残年。凉原乡井不得见，胡地妻儿虚弃捐。没蕃被囚思汉土，归汉被劫为蕃虏。早知如此悔归来，两地宁如一处苦。缚戎人，戎人之中我苦辛。自古此冤应未有，汉心汉语吐蕃身。

——《缚戎人—达穷民之情也》

战争、饥荒已经使百姓的生活苦不堪言，现在还有一群无辜的边民充当了俘虏。这样的事情怎能不让人心寒？

那些边民带着伤痕被人当作匈奴的俘虏带到了长安。还好皇帝动了恻隐之心并没有将他们斩杀，而将他们发配到江南，成为奴隶。不幸中的万幸，他们捡回了一条命，还有希望见到远在边境的亲人。押送队伍慢慢离开了长安城，但他们心中仍充满了不安，不知道未来将会怎样。

多数俘虏因为长途跋涉，已经满身伤痕，筋疲力尽。那些押送俘虏的官员没有怜悯之心，可怜的俘虏连日来没有一餐饱饭。在那燥热的天气里，他们终于走到了一条大河旁，顿时感觉舒适了许多，原来这是交河的支流。大家手舞足蹈，一起哽咽着唱着家乡的歌曲。一首歌曲唱出了心中的痛苦和那幽幽的乡思。

大家互相倾诉着衷肠，原来同是天涯沦落人。到底是谁更苦痛呢？都是背井离乡，都是别人眼中连牲口都不如的俘虏，又有什么分别？当问到其中一个人时，他内心愤满不已，不知道怎么讲这段让人难以置信的故事。

他说，那时边关兵荒马乱，百姓生活苦不堪言，甚至没有办法生存下去。听说匈奴那边需要壮丁，能给自己和家人一条活路，本来就住在边关，对于匈奴也很熟悉，他便随着浩浩荡荡的队伍到达了匈奴。

每天匈奴人把他们当狗一样训练，打仗的时候就是冲在最前面的炮灰。去了那里之后他悔恨万分，与家人骨肉分离，时刻牵挂着他们的安危。一起去的人制定了周密的计划，等待着戒备松弛时逃走。一个深夜，他们将看守打昏，脚上的镣铐都没有来得及解开就匆匆逃走了。

越过那漫无边际的草原，有人在沼泽之中丧失了生命，有人在途中消失了，最后到达家乡的人所剩无几。突然听见汉人军队的声音，希望从天而降。他们奔跑到前面的军队中等待着救赎。令人心寒的是，那些人好像听不懂他们说的汉话，将他们全数抓了起来，与那些战争中的俘虏关在了一起。

最后他才明白，自己成为官员们拿来邀功请赏的筹码。早知道会这样的结局，为什么还要拼了命的地从匈奴回来呢？他的冤屈到底应该给谁说？身为大唐子民，说着汉语，却成为“匈奴人”。

漫漫长路，前方又有什么样的灾难等着自己，还在边关的妻儿是否已经安好？家中的情况他已经不敢想象，或许他们已经因为战乱或者饥饿离开了这个世界。有生之年若是可以回到家乡，就算亲人们，只剩下一座座坟头，他也会感激上苍。

边关战事不断，匈奴以及其他少数民族不断挑衅。将士们不战，却想邀功，甚至将那些战事中的边民当作俘虏抓起来冒功请赏。皇帝看见俘虏也不会多问，只会想着边关将士如何浴血奋战、保家卫国。他怎么也不会想到他眼中的俘虏还有一部分是他的子民，是把他称作天子的人，如今却要忍受这样的屈辱和伤痛。那些被蛮夷之部侵占的村落、疆土以及那些生活水深火热之中的百姓们，皇帝是否曾经想过？

第三节

进入琼林库，岁久化为尘

诗是白居易的魂，他作为正直的知识分子，怀着“救济人病，裨补时阙”的胸襟，自然要以诗史、以诗讽喻。那诗中的每一个字都是他情感的凝华。

唐宪宗元和五年（公元810年），白居易三十九岁，刚由左拾遗改任京兆府户曹参军。

在唐朝初期，土地与赋役制度继承了北魏开始至隋朝的均田制和与均田制配套的租庸调制。武则天至玄宗时，土地兼并日益严重，均田制遭到极大破坏，这样就使得越来越多的农民失去土地，脱离户籍到处流亡。

安史之乱后，这一情况更加严重，实际上建立在均田制基础上的按丁征收赋税的租庸调制也已无法执行下去，国家财政收入大为减少。而同时，苛捐杂税众多，农民负担沉重，民怨沸腾，社会矛盾尖锐，造成了严重的财政危机和社会危机。

为了解决这个问题，唐德宗即位后，宰相杨炎建议改革赋税制度。建中元年（公元780年），唐朝政府颁布“两税令”，实施“两税法”。

“两税法”最初考虑是为益于百姓，主要是把当时混乱繁杂的税种合并统一起来，归并为户税与地税两种，而且集中征收时间，同时将各种名目繁多的收费全部改为正税，一同并入两税之中。

改革的目的是统一税制、省费便民，强化中央财权的集中统一，以增加中央财政收入，限制地方政府越权收费和地方官吏巧定名目强取豪夺的腐败行为。

但随着时间的推移，贪得无厌的封建官吏又在两税定额之外巧立名目敲诈勒索，许多最初想要解决的问题都反扑上来，反而更加严重。沉重的苛捐杂税，使劳苦人民陷入了生不如死的悲惨境地。

百姓操持农业，不过是为了谋生，国家的“两税法”改革“本意在忧人”。唐王朝为维护其严肃性，防止在执行过程中，擅自滥增税目税额，措施不可谓不严：“厥初防其淫，明敕内外臣：税外加一物，皆以枉法论。”

厚地植桑麻，所要济生民。生民理布帛，所求活一身。
身外充征赋，上以奉君亲。国家定两税，本意在爱人。
厥初防其淫，明敕内外臣。税外加一物，皆以枉法论。
奈何岁月久，贪吏得因循。浚我以求宠，敛索无冬春。
织绢未成匹，缫丝未盈斤。里胥迫我纳，不许暂逡巡。
岁暮天地闭，阴风生破村。夜深烟火尽，霰雪白纷纷。
幼者形不蔽，老者体无温。悲喘与寒气，并入鼻中辛。
昨日输残税，因窥官库门。缯帛如山积，丝絮如云屯。
号为羡馀物，随月献至尊。夺我身上暖，买尔眼前恩。
进入琼林库，岁久化为尘！

——《秦中吟·重赋》

许多事情，初衷总是美好，但是不知不觉间也就都已经面目全非，就像这“两税法”。

时间久了，贪官污吏便在赋税中找到了“偷油”的方法。光华的外表，内部却逐渐溃烂。各种名目的杂派很快又死灰复燃，并且变本加厉，农民遭受的盘剥比“两税法”改革之前更加繁重。

绢布还没有织成匹，缫丝还不足斤，酷吏就开始催促赋税了。百姓们怨声载道，叫苦不迭，所有辛劳的成果，都成了酷吏的囊中物。当冬日来临，天寒地冻，冷风吹着陋室，勤劳的农人们将绢和缫都交税去了，没有衣物可以御寒，只能忍受着酷寒。而他们的心，却比这冬天还冷。

酷吏当道，民不聊生，百姓们看不到生活的希望。有的百姓好奇赋税都是干什么用了，便在交税的时候，偷偷地看了一眼官府的仓库，里面满满的都是光滑的绢丝，就像那天上的云，一片洁白。

官员们搜刮了农人们的温暖，去“求宠”、“买恩”，博得皇帝的赏识。可皇宫里怎么可能用得了这么多的绢丝，时间久了，也就全都腐烂了，而辛劳的百姓们，却要一日日地忍受寒冷。

酷吏当道，归根到底，都是因为皇帝昏庸。

有一次，唐德宗李适居然对中书侍郎、同平章事陆贽说出这番议论：“你太过于清廉和谨慎了，各道州府到长安来，送给你一些礼物，是人之常情，你全都拒之门外，一律不受，这是不合乎情理的。其实，如果送你一根马鞭，一双皮靴之类，收下了，也是无伤大雅的。”

昏聩的皇帝本就是个聚敛无度、永无厌足的贪君。他除了国库以外，还设“琼林”、“大盈”两座私库，储藏群臣进贡的财物。由于他的提倡，这就是所谓的“城中好高髻，四方高一丈，城中好广眉，四方且半额，儒中好大袖，四方全匹帛”（《后汉书·马援传》）。

上行下效，地方官员也在征税以外，还向老百姓横征暴敛，让整个社会都陷入一片疾之中。一边是绢丝如云，另一边是冻死的白骨。昏聩的王朝，正蚕食着百姓的生命。

白居易记叙了这种惨状，他所作的《秦中吟·重赋》就堪称揭露时政黑暗、以诗记史的典范之作。这首诗写出了从皇帝到官吏的层层盘剥，对百姓造成的苦难。几句诗词，便完整地叙述了一段血泪的历史。

这是一首朴实无华的诗，却字字都流淌着诗人真挚的情感，字字都是他对百姓疾苦的同情，对贪官污吏的愤恨，对社会现实的忧患。把握诗句的脉搏，我们可以感受到一颗热情跳动的心。

白居易的这首诗对“两税法”的产生、发展、消亡作了生动的描述和精当的剖析。老百姓辛勤劳作，“所求”的也不过是温饱踏实，而这低微的渴望，却始终没有达到。

白居易生活在大唐帝国逐步走向衰落的时代，其时藩镇割据，战乱不止，普通百姓颠沛流离，他们不光受到战火的伤害，还要受当政者的盘剥。

以至于其时“闻《秦中吟》，则权豪贵近者，相目而变色矣；闻《乐游园》，则执政柄者扼腕矣；闻《宿紫阁村诗》，则握军要者切齿矣……”

今天，重读白居易的《秦中吟·重赋》，仍然能感受到了强烈的震撼，并生发出深深的思索。

忆往昔，心中多少梦想，或许梦中的大唐才是一个理想的国度。曾经的安逸，曾经的繁华已经变成一片虚无，这李家的天下又将变成怎样的景象？看到那些近似荒唐的现象，白居易只能用自己的笔、自己的诗唤醒那些在皇宫中醉生梦死的人。

统治者昏庸无为；人民生活水深火热、民不聊生。中国历史上朝代更迭如此频繁无外乎就是因为上述两个原因。统治者对于百姓的疾苦熟视无睹，不能对他们施以援手，更多的时候反而在他们最痛苦的时候再给他们更沉重的打击，直接把他们推入万劫不复的深渊。

曾几何时，波澜不兴的水面上，一艘大船如履平地地行驶着，一位中年妇人倚着栏杆，头上金丝彩云鬓，面色潮红，满身绫罗绸缎，披霞戴锦。该妇人谁也？大名鼎鼎盐商的妇人也。盐商何也？专剥削压迫盐农人也。盐商妇何也？专门吃喝享乐无所不作也。

在唐代中期，盐商勾结地方官大肆剥削压榨盐农，肆意哄抬盐价。盐税又是当时朝廷财政收入的主要来源，为了维持朝廷的巨大开销，盐税便一涨再涨，对盐商的做法也是睁一只眼闭一只眼，这双重的压榨使得本就已入不敷出的盐农生活更加拮据，常常辛勤工作一年后却还入不敷出，而中饱私囊的盐商们却荷包满满，过着常人无法想象的奢华生活。

最辛苦的是盐农，食不饱穿不暖的还是盐农；最悠闲的是盐商，华服美食的还是盐商。正是当时社会这种不平等的收支回报，刺激了满腔热血的诗人白居易，一首描写人民疾苦的千古佳作就这样怀着对劳动人民的同情、对盐商的鄙夷、对统治者的不满“诞生”了。

盐商妇，多金帛，不事田农与蚕绩。南北东西不失家，风水为乡船作宅。本是扬州小家女，嫁得西江大商客。绿鬟富去金钗多，皓腕肥来银钏窄。前呼苍头后叱婢，问尔因何得如此？婿作盐商十五年，不属州县属天子。每年盐利入官时，少入官家多入私。官家利薄私家厚，盐铁尚书远不知。何况江头鱼米贱，红脍黄橙香稻饭。饱食浓妆倚柁楼，两朵红腮花欲绽。盐商妇，有幸嫁盐商。终朝美饭食，终岁好衣裳。好衣美食有来处，亦须惭愧桑弘羊。桑弘羊，死已久，不独汉时今亦有。

——《盐商妇—幸恶人也》

也许是盐商从不劳作却又奢华无双的生活刺激了他，也许是盐农的悲惨遭遇感染了他，又也许是盐尚书的充耳不闻激怒了他，竟写出了这样对劳动者的悲惨生活无限怜悯，对盐商无限愤慨，对统治者无限嘲讽与失望的佳作。的确，这样的情形怎能不令他动容？

为什么最辛苦的盐农生活这样艰辛？为什么压迫劳动者的人却过得这样滋润？为什么明明有许多像桑弘羊那样有才能的人却得不到重用？聪慧过人的他怎会不知道这一连串为什么的答案。

他的心戚戚然，感叹百姓的悲惨境遇，感叹统治者的昏庸无道毫无人性，感叹那个纷繁复杂的社会。他有心做一只扑火的飞蛾，奈何火势浩大，牺牲自己千回万回，亦起不到一丝一毫的作用。

人未老身先老，想着屈原的哀民生之多艰，四海无闲田农夫犹饿死，四海之田怎能满足统治者对欲望的生生不息的追求。

他不禁以诗歌痛苦发声，发出一声声质问。

盐商妇啊，你若去干一天的农活，是否也可以体会到农民终身劳作的辛苦？强权者啊，你若在烈日下暴晒一天，是否也会勤俭节约，叹一粒米的来之不易。你们是否想过你的理所当然建立在多少人的噩梦之上？是多少人挥之不去的梦魇，被多少人夜以继日的怒骂？

那年少的梦啊，你是否还有终将实现的一天；那辛苦的人啊，你是否还有劳有所获的一天；那盐商妇啊，你是否还有幡然醒悟的一天；那高高在上的统治者啊，你是否还有拨乱反正的一天。

白居易，一个心怀天下的诗者，注定会走到时代的风口浪尖，不畏权贵、兼济天下，为时代树立起一座丰碑。

第四节

听其相顾言，闻者为悲伤

白居易明白，只有了解百姓疾苦的人才能够真正成为一个好官。他是一个特别的官员，只有他经常来到田垄上观察百姓劳作的场面。庄稼的收成如何，百姓当下的生活如何，他都了如指掌。

田家少闲月，五月人倍忙。夜来南风起，小麦覆陇黄。

妇姑荷箪食，童稚携壶浆。相随饷田去，丁壮在南冈。

足蒸暑土气，背灼炎天光。力尽不知热，但惜夏日长。

复有贫妇人，抱子在其傍。右手秉遗穗，左臂悬敝筐。

听其相顾言，闻者为悲伤。家田输税尽，拾此充饥肠。

今我何功德？曾不事农桑。吏禄三百石，岁晏有余粮。念此私自愧，尽日不能忘。

——《观刈麦》

傍晚的时候，忙碌了一整天的人们，开始坐在一起攀谈，孩子们在一旁嬉笑打闹，一片欢乐的氛围。

金黄色的麦田里一片丰收的景象，男女老少都忙着收割麦子。农人们一年四季没有清闲的时候，每一天都在忙碌，似乎有干不完的活。日头一天比一天毒起来，夜里开始刮南风了，抚摸着大地上的一切，经过它的洗礼，原本翠绿的小麦，渐渐变成了黄色。

最开心、最辛苦的时节转眼间来临了。火红的太阳照耀着大地，似乎要吞噬大地上的一切。远远望去，每一块麦田上都有劳作的身影。吃饭的时间到了，女眷们带着食盒走在田间的小路上，孩子们拿着汤水跟在母亲后面。

炎热的夏天，黄土仿佛都要被炙熟了，人们的汗水湿透了衣衫，紧紧地贴在后背上。女眷们抱着小孩子站在男子的身旁，一家人同甘共苦，一起忍受酷暑的折磨，心酸中却包含着幸福。

还有的妇人背着破烂篮子，将遗留在地上的麦穗轻轻地放在里面。她们还时不时交谈，一直在说家里的琐事。家里收的粮食几乎都交给了官府和地主，自己所剩无几。家中七八口人都过着食不果腹的生活，无论谁听见这样的情况都会落泪。他们只能捡起那些零碎的麦穗，为家人增加些许口粮，一颗都不能浪费。

诗人反思自己有什么样的功德呢？自己从来没有过春种秋收的经历，每年却有三百石粮食的俸禄，自己和家人的生活完全没有问题，经常还会有节余。想到这里他觉得心中存有惭愧，久久不能平静。

他常常坐在农夫中间与他们攀谈，倾听他们诉说自己的故事。傍晚了，还有清脆的蝉鸣声，太阳落山之后，天气开始变得凉爽起来，人们不愿意待在闷热的家中，都坐在院外的池塘旁边，一起拉着家常。

这几年来，庄稼的收成不好，需要交的官粮和租子却在增加，他们的日子过得很艰难。交完后，小麦所剩无几，他们只能靠吃一些萝卜充饥。走进他们的家中，光线昏暗，四周的墙上还有小小的裂缝，看来已经年久失修。妇女和孩子们的衣服上一层层补丁，令人心酸。农家人的生活向来如此，每天披星戴月奔波在田地里操劳，到最后全家人还是缺衣少食。

繁华的长安城，车水马龙一片太平盛世的景象。锦衣玉食，纸醉金迷，那是百姓无法想象的生活。辛勤劳作的人从来都没有机会感受，只是默默地劳作。他们只是希望庄稼能有好收成，孩子们可以每天都吃饱饭，这就是他们最大的愿望。

白居易初进长安时就被它的繁荣所震撼，曾经那是他向往的地方，想要的生活。所有的一切仿佛发生在昨天，他意气风发走进城门，眼前的一切比自己想象中的还要奢华，人们的穿着讲究，周边的建筑也都别具特色。他感到十分荣幸，也想就此留在长安，这里的繁荣深深地吸引着他。

曾经无数次在这样的街头游荡，穿梭在达官贵族的家中，畅想着仕途一帆风顺，他便可以光宗耀祖，成为国家的栋梁之材。世事变迁，长安依旧繁华，明亮的灯光将天空都照亮了。他却迷失在这个美丽的城市里，忘记了曾经的坚持和初衷，只想在这里久久伫立。

世事变迁，白居易的仕途并没有想象中那般顺利。遭遇荒年，家中艰难，而他作为一个身强力壮的男子却没有办法为家中分担，还病倒过好几次。他才华出众只是缺少机会。

看到那些夜夜笙歌的达官贵人，白居易心中无比凄凉。他这样的文人已经无人关注，没有金钱打开门路，注定被埋没。百姓的生活更加没有着落，没有几个官员是真心实意在为百姓办事的，他们只会在中饱私囊上下功夫。

白居易早已经看透了世俗的嘴脸，他喜欢一个人游玩，领略大山大水才会更加从容不迫。他走遍天南海北，阅历丰富，他喜欢观察贫苦百姓的生活百态，这首诗就是他在看过农家人忙碌的收割季节之后所作的诗句。他将收获季节的忙碌描写得很真实，让人仿佛身临其境。

烈日炎炎，一个强壮的男人汗流浃背地站在田地里。汗水随着脸颊滑下，浇灌着土地。妇女和孩子也来到了地里，没有人能够躲避这场的艰辛。本来收获应该是辛劳中包含着愉快，是一年最快乐的时光。但是白居易所作的诗中却处处流露着心酸和担忧。他们并没有因为收获而兴高采烈，反而是不安。因为即将面临的就是各种税务和田租的缴纳，一年的收成估计所剩无几。

当时百姓的生活很艰难，白居易作为官员，将这种现状看在眼里却只能同情，势单力薄的他只能凭借诗句表达自己的感受。他是一个有良心的人，不像别人那样认为自己的俸禄是理所应得，他的心中充满了愧疚。比起那些百姓一家人的努力劳作，自己就像一个不劳而获的人。

这一切都不是他要当官的初衷，母亲的教诲还在耳边回响，要他成为一个为民请命的好官，要他成为百姓爱戴的好官。当人们提起他的时候是一片赞语，一声声感激。这才是他做官的动力，而不是现在就为那三百石的俸禄，其他什么都做不了，他的心中充满的愤恨。

他喜欢与那些农家人交流，那是他了解他们生活最直接的渠道。百姓的家中很少有像样的摆设，或许几个人晚上只有一条被子，没有充足的粮食。白天依旧还要在田地里干活，只有没完没了的事情，常年都在忙碌，虽然辛苦但是他们很自由。

每当夜幕降临的时候，他们一起载歌载舞，那是他们一天之中最快乐的时光。他们豪放、简单、热情好客，也没有那么多束缚和礼数。或许在大官贵族的眼中，他们不过是一群粗鄙的乡野之人，但是他们的快乐却是富贵人家永远无法体会的。比起那些所谓的上等人他们几乎一无所有，所以他们从不紧张自己会失去什么，就算是食不果腹，但是只要一家人在一起，就其乐融融。

第四章

寄远：日出东山别样红　月落树梢静思量

褪去了年少的稚嫩与激情，此时的白居易身上更多了一份成熟的味道。他以剑明志，心觉在朝为官的人应该敢议国家大事，刚正不阿，不惧奸佞，不计私仇，忠于职守。这是作为一个真君子应有的节操。

第一节

百鸟岂无母，尔独哀怨深

大丈夫达则兼济天下，怎么能独善一身？现在暖和的新棉袄穿在身上，不知道有没有人还在忍受着严寒的摧残，过着衣不蔽体的生活。白居易心中思绪万千，无数个辗转反侧的夜晚，那忧国忧民的火苗让他的心感到刺痛。

桂布白似雪，吴绵软于云。布重绵且厚，为裘有余温。朝拥坐至暮，夜覆眠达晨。

谁知严冬月，支体暖如春。中夕忽有念，抚裘起逡巡。丈夫贵兼济，岂独善一身。

安得万里裘，盖裹周四垠。稳暖皆如我，天下无寒人。

——《新制布裘》

木棉布像雪一样洁白，吴郡的丝绵如同天上的云朵一样柔软。寒冬即将来临，这是妻子为他做的新棉袄。看见它就让人的心中充满了温暖，冬天有了这样的棉袄一定可以抵御严寒。

有心事的人夜里总是难以入睡，即便是有温暖的屋子与棉被，也平复不住那颗跌宕起伏的心。

他希望能有一个可以遮盖万里的棉衣，这样就可以包裹着华夏大地所有忍受着寒冷煎熬的人。那样天下人都像他一样得到舒适、温暖的生活，天下就再没有被严寒困扰的人了。

一件新棉衣引发了无限的感慨。就算得到富裕的生活，奢靡的享受，他心中也是充满了不安。天下人果真都像他一样得到了一个温暖的棉袄，在这个冬天不再被寒冷折磨。

天开始下雪了，瑞雪兆丰年，却是一半欢喜一半忧。麦苗盖上了一层又一层的“被子”，它们一定很暖和，寒冷的冰雪是助长他们的肥料。每到冬天来临，百姓都期盼着漫天大雪，只是这皑皑白雪带来的寒冷却实在难以忍受。

平时在田间劳作，只有冬天，他们可以停下来享受着一段清闲时光。这是农家人最悠闲的时节，也是他们最难熬的时光。

飘飘落下的白雪已经将整个世界全部掩盖，村落里有人扫出了几条弯弯曲曲的小路，远处还有几缕青烟向天空飘去。只有雪天才会这般静谧，万物都睡着了，只有几个贪玩的孩子在院子里做着游戏，辛勤的妇人们坐在暖炉旁做着针线。

一旦到了数九寒天，人们便都不愿意出门，只想在家中待着，享受着温暖。破旧的棉袄已经不能抵御外面的严寒，仅有茅草屋是心灵的归属，能将自己的身躯温暖。

白居易的心中充满了对百姓的爱，为官自然是为了光耀门楣，但是更重要的是他遵循了家人的教导，祖辈就一直在官场上打拼，祖父与父亲还有许多未了的心愿需要他去继承。从开始接触圣贤书他就知道，自己的命运是与百姓的疾苦紧紧地联系在一起的。

童年经受了战乱、饥荒，他是幸运儿，并没有受到大的灾难，毕竟父亲还在朝为官，吃穿不成问题。但是身边那些伙伴们经常忍受着饥饿与苦楚，这些他都看在眼里，记在心里。遇上十分不景气的年份，甚至有人因为饥饿和寒冷而死去。这些惨烈的情景曾经触动了他幼小的心灵，对他以后的生活产生了巨大的影响，所以白居易的诗句多都是忧国忧民的情怀。那是他的心声，亦是他的沮丧。

饮水思源，水能载舟亦能覆舟，这不仅仅是帝王应该思考的问题，更是一个为官之人应该明白的道理。百姓才是官员的衣食父母，只有全心全意为百姓做事才有资格享受那些衣食。

望着远方，他思绪万千，希望所有的有志之士都能为百姓着想，创建一个属于全天下的世外桃源，一个真正国泰民安的繁华盛世。

元和六年（公元811年），洁白的雪花纷纷飘落，拥抱着大地。空灵的雪花，触发了诗人的心绪，他挥笔写来一首《春雪》，“大似落鹅毛，密如飘玉屑。寒销春茫苍，气变风凛冽”。

皑皑白雪之下的长安城，庄严而平静。然而，一个消息，像一股飓风，在瞬间横扫长安。曾在“科举案”中被改革派打压，被宪宗贬谪的李吉甫，重新得到朝廷的任用。

李吉甫的回归昭示着旧贵族再一次崛起，而白居易作为进士派的重要人物，再加上曾经的旧怨堆积在一起，白居易必然会成为被打击的对象。而此时的白居易已经受够了政治的斗争。他曾多次直言进谏，却遭到了君王的漠视。他的激情渐渐被浇熄，他的心，也逐渐冷却。因此，他常常将心绪放逐于山寺古佛中，以求得一丝宁静。

北风呼啸而过，春的脚步将至，却依旧摆脱不了刺骨的寒冷。而一个沉痛的消息，更是加剧了白居易心中的悲凉。

白居易的母亲在接连遭受亲人离世的打击后，身心不堪重负，最终投井自杀，终结生命。

慈乌失其母，哑哑吐哀音。昼夜不飞去，经年守故林。夜夜夜半啼，闻者为沾襟。

声中如告诉，未尽反哺心。百鸟岂无母，尔独哀怨深。应是母慈重，使尔悲不任。

昔有吴起者，母殁丧不临。嗟哉斯徒辈，其心不如禽。慈乌复慈乌，鸟中之曾参。

——《慈乌夜啼》

白居易以慈乌比喻自己的心情，他的母亲也已经离世，这令他十分难过。母亲还没有享受他的荣耀就匆匆离开这个世界，他的心中充满了遗憾和不安。曾经对母亲的允诺，现在已经成为一个永远无法实现的诺言，只求来生他还能成为母亲的儿子，将这些未能实现的诺言全部兑现。

慈乌失去了它的母亲，一直哑哑啼哭，那凄凉的叫声充满了悲伤。失去母亲的它，盘旋在空中，哀伤地朝着天空呐喊，昼夜守着它与母亲生活的旧树林，整年都不肯飞离。好像守在这里就能感受到母亲的气息，仿佛她还没有走远，就在某个角落一直注视着它。

它每天半夜都哀哀啼哭，听到的人也忍不住泪湿衣襟。这种发自内心的悲伤，将人的心紧紧抓住，或许是感情的共鸣，不禁让人想起的自己的母亲，心中隐隐作痛。慈乌的啼哭声或许在哀诉着自己未能及时尽到反哺孝养之情，又或许在它没有来得及表达自己的孝心，母亲就在漆黑的夜里离它远去。

其他鸟类难道没有母亲吗？为什么只有慈鸟特别哀怨？想必是它们的母爱比其他鸟类更加深沉，更加令人感动。母爱重如泰山，从出生的雏鸟直到可以独立觅食的成鸟，都是母亲在旁保护、教导着的，这份恩情自是难忘。

白居易自幼跟随母亲长大，他的童年遭遇安史之乱，父亲将他与母亲留在安全的地方。他从小就远离了父亲的陪伴，只有母亲的呵护，对于母亲的感情自然很深。从《三字经》开始就是母亲在一旁教导他，母亲兼顾他与其他兄弟的生活以及学习，十分辛苦。但是他知道，只要他们能够学成，定不辜负母亲的一片苦心。白居易一直刻苦学习，他的才学在兄弟之中是最出色的一个。

最初走上仕途，他的心中充满了希望与憧憬，想让母亲看见他成为百姓爱戴的好官，只是这条道路，他着实走得艰难。但是，他并没有令母亲失望，因为他一直在努力。第一次做官母亲愉快的神情，他一直牢记在心间，他希望自己能够带给母亲更多的笑容。

自从来到长安，他就很少回家，只有依靠家书与母亲联系。

母亲字字真切，句句关怀，每次收到家书他都难以入眠。遥望明月，不知母亲是否就寝，身体是否像信中一样康健。他知道母亲总是报喜不报忧，怕自己担心，总认为男儿志在四方，不能被家中的琐事束缚。

夜微凉，皓月当空，寂静的夜是思念的温床，不禁让人想起心中放不下的种种。黑暗将思念的情绪轻轻笼罩，难以挣脱。或许，慈乌也是被这深深地思念所俘虏，每天都在为母亲哀啼，希望母亲在另一个世界能够听见它的心声，感受到它的难过和思念。

因为对母亲深深地眷恋，在母亲去逝后，他经常到慈恩寺上香，为母亲祈福，希望母亲远在天上也能快乐生活。世间多少母慈子孝的故事令人感动，孟母三迁只为让自己的儿子成材，沉香历尽艰辛将自己的母亲从华山救出，成就一段传奇佳话。

中华文明浩浩荡荡数千年，我们歌颂那些品德高尚的人，不管时间如何变化，岁月怎样变迁，有些人注定被历史铭记，有些人注定被后世唾弃。

白居易曾在洛阳街头看见过这么凄惨的场面：

妇人坐在地上哭泣，拉着往来人的衣襟一直在诉说，却没有人能够帮助她脱离苦海。她的生活已经被彻底摧毁，没有任何幸福可言。与孩子在一起生活是她唯一的心愿，只是老天并没有同情她的遭遇，依旧让她骨肉分离。

那凄惨的场面闻者落泪，见者伤心，白居易深深地同情这位母亲，也感受到了母爱的纯粹以及深刻。

早在汉文帝时，十四岁的女孩缇萦为救父亲于危难，上书朝廷指出刑罚的严酷，成为“文景之治”的导火索。一个小女孩的魄力与胆识，让所有成年人都自叹不如。只有对父亲深沉的爱才让她这样一个小女孩做出如此惊天动地的事情，不论最后结果如何，她的父亲应该会感到欣慰，有这样一个敬爱他的女儿。

一个朝代走向衰落，并不只是经济、政治的原因，在很大程度上，一个国家的根本是人们的思想，思想开始腐败变质，那么这个社会也就走向了尽头。一个人连自己的父母都可以不管不顾，自然更不会去关心国家的安危。

孝道透视着太多的社会问题，白居易希望人们可以从细小的善意做起，从自己做起，共同维持社会的长治久安。

第二节

但愿将军重立功，更有新人胜于汝

母亲去世后，白居易开始了宁静的丁忧生活。痛失至亲，给白居易带来了莫大的伤痛，但是，此时李吉甫回朝，朝廷政治必将掀起血雨腥风，而白居易回乡丁忧，幸运地避过了这一场斗争。

母亲逝去，让白居易的心，变得更加柔软而感性，一首《母别子》写的是别人的故事，却道出了自己的心痛。

母别子，子别母，白日无光哭声苦。关西骠骑大将军，去年破虏新策勋。

敕赐金钱二百万，洛阳迎得如花人。新人迎来旧人弃，掌上莲花眼中刺。

迎新弃旧未足悲，悲在君家留两儿。一始扶行一初坐，坐啼行哭牵人衣。

以汝夫妇新燕婉，使我母子生别离。不如林中乌与鹊，母不失雏雄伴雌。

应似园中桃李树，花落随风子在枝。新人新人听我语，洛阳无限红楼女。

但愿将军重立功，更有新人胜于汝。

——《母别子》

关西骠骑大将军去年又立了战功，官职又晋升了。作为妻子这本是一件令人愉快的事情，谁知他竟用二百万两在洛阳城中迎娶了如花美眷。一日夫妻百日恩，在那个男人身上变成了一句空话。他狠心地将自己现任的妻子抛弃，只为得到轿中的新人。

还是那台花轿，只是里面的人早已经不同。迎来新人，往昔的旧人成了遭人嫌弃的眼中钉，肉中刺。新人却像是盛开的莲花，光芒四射，迷乱了所有人的眼睛。喜新厌旧的男人不知道将多少女人的青春与人生葬送。

最令人悲伤的事情不是迎新弃旧的绝情，而是留在夫君家的两个幼子，失去他们是她最痛苦的事情，母子三人一同生活的画面依然还在心中不停闪过，而今只剩下深深地温暖与回忆，还有此刻别离的痛苦。她深知母亲是孩子温暖的港湾，失去母亲呵护的孩子只能自己承受所有的寒冷。

被遗弃的夫人端坐在门前地上号啕大哭，她不时用手拉着过往行人的衣襟。希望有人可以帮助自己脱离这场离别的痛苦。将军的新婚是何等的快乐，却使得这可怜的母子面对凄惨的离别。人活着居然还不如树林里的乌鸦与喜鹊，它们活得要比人更加快活。起码是雌雄能相伴，小鹊儿能紧紧跟随着老鹊，从来不曾分离。

希望人生就像是园中的桃李树一样，花瓣随着微风飘落在地上，果实在枝头上生长。进入泥土的花依然可以注视着果实们生长，时刻都能守护着枝头那珍贵的果实。

她要告诫正春风得意的新人，洛阳的俏丽女子何止千万，若是将军再立战功，只希望下一个新人比你更加艳丽。

她本是一个令人无限怜惜的女子，白皙、清透的肌肤，精致的五官，不知多少人对她一见倾心，命运却将她推向了一个薄情寡义而又粗俗的男人。一介武夫，本应该有侠义之心，铁骨铮铮，血战沙场，应该更懂得怜香惜玉。只可惜，天不遂人愿，这样美好的女子最终却被这样的冷落。

有人问她，这辈子你后悔吗？她说不知道，因为她从来都没有选择的机会，所以也没有后悔的理由。只是她说自己还有希望，而且从来没有放弃过等待。如果这就是上天赐予她的命运，那么她会坦然接受。

毕竟曾经她也有过幸福的时刻，或许就在某个角落里，有个人在痴痴地思念她。虽然只是一面之缘，一次交谈却让她怀念了一生。若是真的还有下辈子，她还是会选择做女人，只是希望自己能够成为那个人的妻子。

或许就在弥留的那一刻，或许在黄泉路上，她会遇见那个人，那么她这一生也算是没有虚度。女人就是这样让人难以捉摸，她们有着比男人柔软十倍的心，但是却有着男人没有的执着和坚强。在那样的年代，女人承受了太多辛酸，太多不公。

白居易看着那个哭喊的妇人，只觉心酸。有谁能够理解一个被丢弃在大街上无家可归的弃妇，又有谁能真正体会一个母亲失去孩子的痛苦？当没有亲身经历时，谁都可以这么坦然，这么高贵，但当伤心到了极限，谁还会去在意那些虚礼，只想将内心的痛苦发泄，只想奋力一搏。

诗人将那个痛哭的女人扶起，看着她步履蹒跚地离开，不知道她要去往何处。或许还有亲人可以收留，只希望她以后能够找到一个好的归宿，不再受到伤害。

凋零的花朵，最终归入泥土，大地温暖的怀抱会是她们最温暖的归宿，愿她们带着希望在母亲的怀抱沉睡。多年之后，一朵又一朵美丽的花朵重新绽放在枝头，结出果实，留下隽永的种子。

这首诗是白居易在看见妇女被随意蹂躏与抛弃之后，严厉地抨击夫权制度对女性的摧残。封建社会的三纲五常将君权与夫权放在神圣不可侵犯的地位，所有的权利与荣耀都置于男人之后，女人没有任何地位。多数女人都生活在水深火热之中，没有了自我。

封建社会女人必需遵从三从四德，没有自由选择的机会，只有被动接受父母安排的婚姻。这还不是悲剧的终点，若是遇上一个好人或许还能过得美好一些，若是遇上一个登徒浪子，那么这个女人的一生就会一个巨大的悲剧。深闺别院中的怨妇，更有甚者成为弃妇，基本生活都会有困难，有的剃度出家，还有因为疾病或者饥饿最终惨死在异乡。多少凄惨的故事，却是事实。

敏感的心，常常让诗人能体会更多人内心的苦楚。可面对这惨痛的现实，他却只能付诸悲悯之心和空茫茫的祝福。

第三节

莫言三里地，此别是终天

安葬了母亲后，白居易逐渐地从悲伤中走了出来。他像重回山林的鸟儿，走入乡野，回归了宁静。乡间的阡陌相交，无边的绿色，充满生机，也为白居易心中注入了新的能量。

乡间的生活，自由舒畅，他可以随心去做自己喜欢的事，而这样平静的生活，使得白居易身体上的疾患也减轻很多。

然而，母亲离世的伤痛还未淡去，岁月便又在白居易的心中刻下了新的伤痕。他年幼可爱的女儿也因病去世。至亲相继离世，让他深感生命的脆弱，悲痛交加之下，一首《病中哭金銮子》浑然而成。

岂料吾方病，翻悲汝不全。卧惊从枕上，扶哭就灯前。
有女诚为累，无儿岂免怜。病来才十日，养得已三年。
慈泪随声迸，悲肠遇物牵。故衣犹架上，残药尚头边。
送出深村巷，看封小墓田。莫言三里地，此别是终天。

冰冷的墓地，永生的别离。那样的伤痛，多年之后，依然痛彻清晰。

抑郁沉积在心底，诱发了他的疾患，他深陷身心的双重痛苦中。无助的他，只能希冀在佛法中寻求解脱。

时光与佛法，渐渐地净化了他的心，而他的病情也略有恢复。从重伤到平复，那是一段长长的心路，其中痛苦，想必也只有诗人自己了解。

辞官在家的白居易，也会偶尔惦记那些朋友。而这一年夏天，白居易也迎来了他的挚友——元稹。两人肆意畅聊，回首过往，无限感慨。

白居易也会时不时地听闻一些朝中的消息。政治斗争永无止境，朝廷越发腐败，他的好友裴垍更是悲愤离世，晚景凄凉。而同时白居易又十分担忧，李绛会步了裴垍的后尘……

回望抛却一切的自己，有一种平静的满足。

时光日复一日地辗转，曾经的朝廷重臣，如今为了生计而躬耕田园，但是他的心中有一种踏实和满足。田园生活也让他对于陶公归隐田园的超然心境，有了更深的体会。于是，心有所感之后，他便作了《归田三首》。

人生何所欲，所欲唯两端。中人爱富贵，高士慕神仙。神仙须有籍，富贵亦在天。莫恋长安道，莫寻方丈山。西京尘浩浩，东海浪漫漫。金门不可入，琪树何由攀？不如归山下，如法种春田。

——《归田三首》其一

后来，白居易又听闻了好友薛存离世的消息，这让他平静的心，又开始痛楚起来。亲人和朋友一个个离去，让他饱尝了生离死别之苦。思念的泪一次次地流下，心中的伤，却从未愈合。他的眼前仿佛是蒙上了一层纱缦，让他很难看清眼前事物，尤其是到了夜晚，视线就会变得更加模糊。

此时的白居易一家的经济也陷入了窘境。朋友连番接济，但是却并不能给他们这一家人的生活带来太大的改观。为此，白居易的弟弟行简，去往梓州担任节度使卢坦的幕僚。而行简的收入，也不足以为白家的生活状况带来改变。而白居易觉得，眼下之计，唯有他再度为官，才能解决家中的困境。另外，朝廷危在旦夕，他仍是忍不住担忧，他的内心仍有一种尚未熄灭的渴望，渴望能够为朝廷做一点贡献。

他希望通过此时还在朝做官的朋友们帮助他谋求一个官职。

其实，这样的想法已经在他的心中盘旋良久。眼下家中经济状况告急，诱发了他再次做官的念头。白居易虽然退隐多年，但也对朝廷的安危仍有些担忧，他内心里仍有一种不可磨灭的呼唤，于是他给好友钱徽和崔群写了一首诗《渭村退居，寄礼部崔侍郎、翰林钱舍人诗一百韵》。

圣代元和岁，闲居渭水阳。不才甘命舛，多幸遇时康。朝野分伦序，贤愚定否臧。重文疏卜式，尚少弃冯唐。由是推天运，从兹乐性场。笼禽放高翥，雾豹得深藏。世虑休相扰，身谋且自强。犹须务衣食，未免事农桑。薙草通三径，开田占一坊。昼扉扃白版，夜碓扫黄粱……

他将所有心迹汇于诗中，而后，便是平静的等待。漫长的等待过后，白居易迎来了新的曙光。当年因“科举案”遭到贬谪的主审官韦贯之，再度复出成了进士派的领导人物。白居易与他私交甚好，而且当年，白居易曾直言觐见，为韦贯之鸣不平。

如此，经韦贯之、崔群和钱徽三人运作，白居易被召回朝中，担任太子左赞善大夫一职。赞善大夫一职是专为东宫太子而设的，主要是向太子规劝提出一些谏言，一般情况下是不得干涉朝政的，所以，离皇帝很远。这样一个官职，正和白居易的心意，因为可以避免卷入政治纷争。所以他在接到诏书之后，顾不得天寒地冻，便奔向长安城。

人生几十载沉浮过后，白居易已经褪去了往日的激情。再次走上官途的他，已将名利世俗看淡，只希望能够遵从本心，做真实的自己。他身为官场之人，却越来越淡出官场的圈子，他只和志同道合的人结交。

而幸运的是，元和十年（公元 815 年）正月刚过，白居易的挚友元稹就回到了长安。之后，刘禹锡、柳宗元也都相继被召回了京城。曾经的好友，在命运的驱使下，又重新聚到了一起。这对于白居易来说，是一件天大的幸事。曾经沉闷的生活，也忽然变得热闹起来。他们结伴同去游山玩水，游历佛寺，饮酒赋诗。这段美妙的时光，白居易也写进了诗里。

在《朝归书寄元八》中，他畅快地写道：

进入阁前拜，退就廊下餐。归来昭国里，人卧马歇鞍。

却睡至日午，起坐心浩然。况当好时节，雨后清和天。

柿树绿阴合，王家庭院宽。瓶中鄠县酒，墙上终南山。

独眠仍独坐，开襟当风前。禅僧与诗客，次第来相看。

要语连夜语，须眠终日眠。除非奉朝谒，此外无别牵。

年长身且健，官贫心甚安。幸无急病痛，不至苦饥寒。

自此聊以适，外缘不能干。唯应静者信，难为动者言。

台中元侍御，早晚作郎官。未作郎官际，无人相伴闲。

然而，快乐的时光总是短暂的，危机悄悄地浮出水面。他们常常成群结队地出现在朝中，而他们的快意生活很快引起了旧氏贵族以及宦官集团的注意，利益的纠葛，必定会让他们将白居易一行人视为威胁。所以，一番权谋风雨过后，刚刚回朝的好友，便又要离开。刘禹锡、柳宗元等人再次被贬至人烟稀少的荒凉之地。而白居易因为在朝中的官职无关紧要，所以得以幸免。

他们来了，又走了，这一切像一场梦，却留给白居易心中一片痛苦的落差。而后他的生活又陷入孤单。

每当夜深人静，寂寞来袭，他只能将自己的愁情放逐于书墨之间。然而，悲郁的心情让他的眼疾愈加严重。他不能用眼过度，便也只能合目入梦，派遣寂寥。

在梦里，他见到了曾经的挚友裴垍，往昔的故事，在梦中重演。曾经他们共同在朝为官，共同在月下举杯畅饮抒怀，畅谈时政，抒发理想……回忆里的一切，如此丰盛温暖。可梦醒过后，一切又归于寂寥。于是在空虚与失望之际写下了这首《梦裴相公》：

五年生死隔，一夕魂梦通。梦中如往日，同直金銮宫。仿佛金紫色，分明冰玉容。勤勤相眷意，亦与平生同。既寤知是梦，悯然情未终。追想当时事，何殊昨夜中。自我学心法，万缘成一空。今朝为君子，流涕一沾胸。

人生坎坷，白居易只能将满腔情怀遣于佛法之中。他后来闲游到安国寺，与广宣和尚品茗礼佛，还留下了著名的诗作《广宣上人以应制诗见示因以赠之诏》：

道林谈论惠休诗，一到人天便作师。香积筵承紫泥诏，昭阳歌唱碧云词。红楼许住请银钥，翠辇陪行蹋玉墀。惆怅甘泉曾侍从，与君前后不同时。

闻名遐迩的广宣法师被皇上拜为佛学老师，多次出席皇上的宴席，也曾应制作诗。皇上对他非常赏识，因此赐他入住安国寺红楼院，广宣法师因此得到了特殊的厚待，他时常乘坐皇上的辇车出行于皇宫内外。白居易感慨自己与广宣和尚都曾是皇上身边的近臣，而自己却不能侍奉皇帝，因而感慨万千。

第四节

古剑寒黯黯，铸来几千秋

自古英雄配宝剑，世间好男儿没有不热爱兵器的，尤其是充满灵性的绝世宝贝。那些年少不羁的少年们，无数次在梦中幻想着自己骑着高头大马，手拿利刃，上演着英雄救国的故事。那时的他们，是一匹狼，一匹血性十足的狼，他们的内心汹涌着狼性，可自己却要压抑着它，只能用自己的鲜血喂养。

一把传承千年的古剑带着岁月的寒光，幻化成世间珍宝。日月的灵气让这把古剑充满了灵性的，拔出宝剑的一刹那，幽幽的白光晃得人无法睁眼，那是日月的白色光辉。回首过往，想那越王勾践曾经用白牛和白马祀昆吾山神，采金铸剑，最终才获得的八把旷世神剑，大概也不过如此吧。

古剑寒黯黯，铸来几千秋。白光纳日月，紫气排斗牛。

有客借一观，爱之不敢求。湛然玉匣中，秋水澄不流。

至宝有本性，精刚无与俦。可使寸寸折，不能绕指柔。

愿快直士心，将断佞臣头。不愿报小怨，夜半刺私仇。

劝君慎所用，无作神兵羞。

——《李都尉古剑》

美名远扬的宝剑，像一个沉睡的勇士静静地躺在玉匣里，闪烁着清澈的剑气，仿佛是华清池里的一汪秋水，清俊中透露着柔美。若它不是一把宝剑，而是一个人，那么一定会是一个英俊的美男子。举世无双的宝物，闪耀着夺目的光芒，透露着坚韧刚毅气息。金戈铁马，马革裹尸，勇士倒下了，却将自己的灵魂注入这把宝剑，人与剑融为一体，从此沉淀千年，凝结成为现在这个充满灵性的宝物。

世人云，宁为玉碎，不为瓦全。哪怕就算此生变成一寸寸的废铁，也不愿意软弱妥协，没有气节。万里沙场，荡气回肠，马革裹尸是战士的荣耀，伤痛、死亡，无论任何困难都不能令他们退缩，因为他们是勇士，无论是活着，还是死亡，都要有铁骨铮铮的气节。

褪去了年少的稚嫩与激情，此时的白居易的身上更多了一份成熟的味道。他以剑明志，心觉在朝为官的人应该敢议国家大事，刚正不阿，不惧奸佞，忠于职守。这是作为一个真君子应有的节操。

作这首诗，白居易作不仅想要表达自己对于整个官场的希冀，也用它来敦促自己，警示自己。因为经历了太多太多的白居易，早已经随着时间的推移，随着又一次的回归朝廷，而看透了许多事情，也看淡了许多事情。他不喜欢那些宴会，更厌恶那些贪财好色的人。骨子里，他想与这些人划清界限，因为不想自己也步他们的后尘，变成自己曾经讨厌的模样。

是的，是曾经，现在的一切都有属于自己的曾经。偌大的长安城，曾经它的繁华令人瞩目，吸引着初来的白居易，而今，他也已开始厌倦。曾经眼里的繁华、喧闹，变成了如今的嘈杂、聒噪。曾经的白居易想要留在这里，享受这种天子脚下的畅快，仿佛这里就是离神最近的地方。而如今的白居易更想寻求一份安宁与淡然。

可命运，却偏偏不如人意。

变幻莫测的朝廷依旧未能改变动荡的本性，更加不幸的是，这一次的战争也将白居易卷入其中。当白居易听到彰义军节度使的儿子吴元济背叛了朝廷，并且暗杀了宰相武元衡的消息的时候，他气愤不已，难抑胸中的不平。于是，他上书宪宗，要求惩处凶手。可谁料到，自己的这一行为却被指越级上书有违朝纲应该受到严惩。宪宗迫于旧贵族的压力，也只能采纳旧贵族的意见，要对白居易进行惩治。

之后，旧贵族趁热打铁，又有人将白居易当年所作的《赏花》、《新井》两首诗与其母亲坠井而亡的事捏造在一起，说其有大不孝的行为，如此品行之人留在太子身边，极不合适。

似乎，这是漫漫人生路中的一个坎，种种的不幸与灾难都齐齐向他涌来，波涛汹涌，犹如巨浪滔天。

自古官场多奸佞，不论是哪个朝代都摆脱不了这样的事实。只有读圣贤书者才有资格成为官员，为民请命。那些贪官污吏不知道是忘记了古人的教诲，还是本就是资质平庸之流，根本不懂得那些道理。为什么有的人读了书之后反而变得更坏了？

白居易一直在思考这个问题，到底是书耽误了他们，还是他们玷污了书？他试问自己并不是这个城中才华最出众的人，那些拥有权力和才能的人，好像隐藏在一个角落里，从来都没有用他们的智慧和才华做一些该做之事。

他愤怒，他难过。难道这就是他一直想走进的官场，一直想站稳脚跟的地方？每每看见辛勤劳作的人们，他的心中万分心酸。苛政猛于虎，奸佞胜于天灾啊！这是白居易的心声。他多想成为真正为民请命的官员，成为令他们相信的忠臣。只是他一个人的力量毕竟是微小的，只有集合大家的力量才能帮助更多的人。

皇城中那个尊贵的人，无数人都敬仰他、敬畏他。天之骄子拥有至高无上的力量，他的心中理应记挂着百姓疾苦，社稷安危。但他却不是一般的凡夫俗子能够接近，只有为官的人才可以将百姓的情形告知于君王。所以，官员们更应该勇于直言，将天下大公放在心上，尽心尽力地为帝王送去百姓的消息。只是白居易所看到的却是官员过着歌舞升平、放荡不羁的生活，完全没有将自己的职责记在心间，他们只是在享受、在压榨。白居易无比痛心，却也无能为力。

潇潇风雨中，大浪淘沙，真正的君子注定受到后世的褒扬，放手去做自己心中所想之事，定会得到有志之士追随。对于那些社稷的毒瘤、百姓的噩梦，人人得而诛之。白居易下定决心，此生不负百姓所望。粉身碎骨浑不怕，要留清白在人间！

最终，白居易被贬为江州司马。对于被贬谪之事，白居易早已经看开。他已经将名利抛于身外。只是，在这一场斗争中，母亲的死，竟然成为他被贬官的导火索，这让他感到无比心痛，不过，他也因此远离了朝廷纷争。

如今的他，懂得了淡然与释然。因此，得失之间，他找到了完美的平衡。

第五章

仕途：浮沉起落平常事 仕途自古多踌躇

八月微风乍起，夏末的微凉带来了桂花的芬芳，也带来了白居易等待已久的贬谪诏书。那一刻，白居易的心安稳了、平静了，也踏实了。一纸诏书，成了他人生当中的又一个结点，也代表了一个新的开始。命运已然如此，渺小的白居易也只得听天由命，随着命运的风，继续漂泊下去。

第一节

树初黄叶日，人欲白头时

人生，就是由一个又一个的等待组成的。彼时的白居易，等待的是朝廷的一纸诏书，那个写有他被贬为江州司马的诏书。

漫漫长路，这一生，白居易走得太过不易。命运斗转中，他看尽了人间冷暖。几十载的寒来暑往，有着他憧憬的美好，有着他奋斗的脚印，也有着他失望的泪水。颠沛流离，让他身心俱疲。当一个人经历了太多的风雨之后，只会想简单地拥有一份如水的心境与安宁。无论你身居何位，无论你出身怎样，到头来，那些身外之物都会成为过去，唯有平静与安宁，才是永远的精神故乡。

转眼间，八月微风乍起，夏末的微凉带来了桂花的芬芳，也带来了白居易等待已久的贬谪诏书。那一刻，白居易的心安稳了、平静了，也踏实了。一纸诏书，成了他人生当中的又一个结点，也代表了一个新的开始。命运已然如此，白居易也只得听天由命，随着命运的风，继续漂泊下去。

临行那一天，天空仿佛也在为他的离去而悲戚，阴郁的天聚拢着浓浓的哀愁，伴着白居易远去的脚步，一场寒凉的秋雨倾泻而下。冰冷的雨滴拍打着落叶，淋湿了夏季最后一点墨绿，也淋湿了人们心中的那份温热。

伴着寒冷的秋雨，踏着湿漉漉的大地，白居易的心中感慨万千。他不是第一次归来，也不是第一次离去，可这一次，却显得有些不同。是时间不同，还是地点不同？或许，只是他的心不同罢了！人生冷暖，迷途坎坷，早已经郁结为诗中的一字一句，淋漓尽致，悠远而哀怨，亦充满了无奈。

节物行摇落，年颜坐变衰。树初黄叶日，人欲白头时。

乡国程程远，亲朋处处辞。唯残病与老，一步不相离。

——《途中感秋》

他曾游历于山水之间，有了山水的陪伴，离开了世俗的喧器，人也就会慢慢变得平静。而对于人性，对于命运，白居易也有了更深层次的理解。顺应时节的事物将要凋残，一年年过去，容颜只能伴随着时间一起衰败。十六岁那年的春天好像刚刚过去，原来那已经是几十年前的事情了。想当年，正是万物生长之时，看着漫山遍野的野草，心中竟然是无尽的希望。

树叶在翠绿的时候就已经知道自己有枯黄的那一日，人也是如此，还没有好好享受青春就已经满头白发。岁月就是一把无情的利刃，从来不会对任何人宽容，所有的等待只不过是等着时间掠过，最终只有轻轻地感叹。

家乡的道路依旧那么遥远，不知道家乡的景致是否还像从前一样美好。物是人非是平常事，亘古不变的只有心中的希望。亲人和朋友也都面临着离别，每个人在自己身边不过三五载，各自有各自的路要走，天下从来没有不散的宴席。

唯有疾病与衰老一直伴随着人的一生，摆脱不了，因为这是生命的常态。青春易逝，只有衰老和病痛喜欢与人为伍，自然界的规律向来如此，令人无限感伤。

这首作于元和十年（公元 815 年）的诗中，写的满满都是岁月的无情，就连白居易自己也开始变得苍老。曾经的翩翩少年即将进入老年。身体已经变得不如从前，在去往江州的途中，疾病一直伴随着他。想当年，他自己一人骑着骏马走遍大江南北，从没有像现在这样吃力，这样力不从心。

生老病死乃人之常情，从来没有一个人可以摆脱这个宿命。就算是拥有天下的人也不能改变这个规律，纵是拥有一切也终有绝尘而去的那一天。世间俗物生不带来，死不带去。人生在世，能够拥有的只有活着的这个过程。

岁月催人老！从古至今不知道多少人想摆脱生老病死的折磨，有人利用宗教信仰来安慰自己的心灵，有人想尽各种办法想要得到长生不老的药方，却从来没有人成功。因为自然界的力量是那么强大，没有人可以战胜大自然神秘的力量。

那种从壮年到老年的落寞，就像是翠绿的树叶慢慢变得枯黄，最后要离开树枝坠入泥土。生命只有一次，人们担心害怕，所以才倍感珍惜，白居易也是如此。当生命逐渐走向黄昏，回头想想自己的一生究竟还有多少梦想没有实现，曾经那些豪情壮志好像一直伴随着时间在消逝，这竟是他一生的命运。他不甘心，现在却已经变成了被病魔缠身即将迈向老年的人，却未能成就一番伟业，他的心中多少不甘，多少难过？相对于病痛与衰老，这更令他痛心、悲伤。

枯黄的叶子，鬓角的白发，让他的心中各种滋味翻江倒海，只能借诗句抒发着自己心中的感情。他的前半生，荣与辱、苦与乐都经历了，从受到重用到被贬官，从一个轻狂的少年到一个参悟禅理的中年人，这其中的故事是那个时代的缩影。

仿佛人们都一样，从年轻到年老，从生到死，一次轮回，最多百年。可细细想来，这世界上却有着太多的不公平，不仅存在于男女之间，还有家世、种族等等很多地方。从来都不存在公平，在出生的那一刻，很多事情都已经不在同一条起跑线上。每个人的命运已经确定，一个出生官宦世家的人，与一个平民百姓家的孩子在本质上已经有了差别，这就是没有办法改变的现实。富人三妻四妾，很多女子都这样被毁了一生的幸福，但是平民百姓还有人因为贫穷，一辈子都找不到妻子，所以只能过着这种生活。

这一生，白居易一直在抨击这种社会现实，只可惜一个人的力量毕竟有限，没有办法撼动分毫。如此，他也只能自己一个人走在改变这些不公平的道路上。

直到他遇到了人生道路上的另一位老师，将他带领走向了禅学的道路。曾经的戾气和执着，慢慢放下了，他开始修身养性。忧思过甚，必将影响身体康健，只有当人步入老年才会更加在意自己的健康，能够改变和不能改变的事情，现在已经可以区分。人不能阻止生老病死，但是活着的日子一定要舒心、愉悦，心存善念，心存希望。

于是，当疾病与衰老袭来之时，他走上了人生的另一条道路，也开始了他人生的另一个阶段。

第二节

夜泊鹦鹉洲，秋江月澄澈

一代“诗魔”白居易，行走于山水之间，大自然的宁静渲染了他那颗曾经浮躁的心。走南闯北几十载，他去过很多地方，那些经历成为他宝贵的财富。路途中，他遇到了很多人，接触许多了不同的故事，诸多的经历都让白居易的人生更加丰富多彩。

怀着淡然的心，白居易去往了江州。虽然是贬官，可赴任的路，却仿佛是一次长途旅行。一路上，白居易看到了不同的景色，也遇见了不同的人和事，自己的心也跟着起起伏伏，同苦同乐。白居易将那种种复杂的心境化为了纸上的方块字，绘就了一首首曼妙的诗句。身为后人的我们应该庆幸，正是这些曼妙的诗句，才能够让我们在千百年后的今天，依旧能找到曾经的美景与心情，时空穿梭般地重走属于白居易的那一段人生路，感受其中的错综复杂与苦辣酸甜。

黑夜与白昼，交替轮回。一条去往江州的小船，带着白居易走走停停，来到了一个叫作“鹦鹉洲”的地方。而对于“鹦鹉洲”这个名字，还有一个凄美的传说。

相传在三国时期，刘表曾经引荐给江夏太守黄祖一名将士，名叫祢衡。祢衡和黄祖的儿子黄射十分投缘，因此二人经常在一起饮酒对诗。

某天，黄射邀请祢衡来到一座江心洲，想要在此打猎饮酒。宴会上，祢衡认识了一位名叫碧姬的歌女。初次相见，两人就惺惺相惜，相见恨晚。嬉笑之余，有人将一只鹦鹉献给了黄射。见此情景，黄射将鹦鹉奉给了祢衡，想要他作文一首。

那是一只羽毛碧绿的红嘴鹦鹉，颜色鲜艳，生性灵巧，不禁让祢衡触动心怀，于是他笔墨一挥，一篇《鹦鹉斌》跃然纸上。文中祢衡借那只鹦鹉暗喻自己怀才不遇的心境。不久之后，黄祖知道了祢衡的这篇《鹦鹉赋》，看罢，黄祖心生思虑，他怕祢衡以后得志对会自己不利，便借故将祢衡杀害。

黄射将祢衡的尸体埋葬在曾经举行宴会的江心洲上。而当时的那位歌姬则穿着一身重孝，带着祢衡转赠给她的鹦鹉来到了江心洲上，失声痛哭，撕心裂肺。爱人不在，痴心的女子宁愿追随他的灵魂一同离去，也不曾留恋世事半分。带着思念与哀怨，歌姬一头撞死在祢衡的墓碑前。主人离去，那只鹦鹉便整夜哀鸣，只一日，便也死在了墓碑前。祢衡不在了，歌姬不在了，就连那只羽毛碧绿的红嘴鹦鹉也不在了。悲伤的世人筹集资金为歌姬修了一座坟墓，将她与鹦鹉一同葬在了洲上。如此，那座江心洲也改名叫作鹦鹉洲。

或许是命运相同，自己与祢衡都有着怀才不遇的苦闷，才让白居易的内心有所触动。满身才华，却偏遭苦难，人生已过半，还要承受被贬谪的愁苦，其中滋味，唯有亲身体会，才能知晓。酸楚、哀愁、无奈……种种情感涌上心头，并不结实的身躯似乎抵挡不住汹涌的来袭，只能饮酒，才能让现实虚幻一些。

忽然间，传来一阵哀婉歌声，细细品来，还夹杂着轻轻的哭泣声。虽不知是何原因如此悲伤，可只闻其声未见其人，就能让他感慨无限，并作了一首《夜闻歌者》：

夜泊鹦鹉洲，江月秋澄澈。邻船有歌者，发调堪愁绝。

歌罢继以泣，泣声通复咽。寻声见其人，有妇颜如雪。

独倚帆樯立，娉婷十七八。夜泪似真珠，双双堕明月。

借问谁家妇，歌泣何凄切。一问一沾襟，低眉终不说。

一颗敏感的心，总是能发觉周围的感伤。或许，世上的每个人都有着不为人知的痛楚。他也和许多人一样，只不过痛苦的缘由不同而已。或许，生命本就是一场苦难的修行。

然而一踏上江州的土地，白居易之前所有关于赴任江州司马的担忧，就全部一扫而光。江州刺史崔能的热情，老百姓的欢呼，都让白居易惊喜不已。他不曾想过，自己一个被贬的官员，居然会如此受人欢迎。太多的感慨和意外汇聚在心间，诗兴大发的白居易便赋诗一首，将眼前的美好定格在了诗句里中，凝结成永恒：

浔阳欲到思无穷，庾亮楼南湓口东。
树木凋疏山雨后，人家低湿水烟中。
菰蒋喂马行无力，芦荻编房卧有风。
遥见朱轮来出郭，相迎劳动使君公。

——《初到江州》

地处长江南岸的江州，无论是交通还是贸易都十分发达，风景也是怡人，尤其是远近闻名的庐山，更是美不胜收。庐山素有“匡庐奇秀甲天下”之美誉。山中美景，配得上这世间婉转美妙的语言。弥漫的云气为庐山平添了许多迷人秀色和神秘色彩。山中有一座东林寺，是这庐山上历史悠久的寺院之一。本就喜欢佛寺的白居易，对于这里的一切也就更多了一份亲切和喜欢。

一切安排妥当之后，白居易开始了正常的工作与生活。闲暇时，白居易还会前往庐山，探寻美景，因为那里有着吸引他的白莲池。

这个白莲池是当年诗人谢灵运出资修建的。池中的白莲美丽而圣洁，不沾惹一寸人世尘埃，晶莹的水珠在莲叶上滚动，就像精灵一般，花香袅袅，泛着禅一样的清幽。恐怕如此美的莲花，也只有在纯净之地才能绽放得美丽，倘若换作喧嚣的长安，恐怕早已经香消玉殒，化作风散去了吧。

很长一段时间，白居易每每经过白莲池，都要仔细欣赏一番。他的心，仿佛被那莲叶上晶莹的露珠净化，越发安宁。他觉得自己现在的安然心境，想必也只有在这深山古寺里才能觅得见了。

于是，他思潮倾涌，便作出了美丽的诗：

东林北塘水，湛湛见底青。中生白芙蓉，菡萏三百茎。

白日发光彩，清飔散芳馨。泄香银囊破，泻露玉盘倾。

我惭尘垢眼，见此琼瑶英。乃知红莲华，虚得清净名。

夏萼敷未歇，秋房结才成。夜深众僧寝，独起绕池行。

欲收一颗子，寄向长安城。但恐出山去，人间种不生。

——《东林寺白莲》

离开了喧嚣，难得拥有一份宁静，着实不易。当你经历过了那些跌宕起伏，才会发觉，其实人生的快乐和幸福，不过就是那些最不起眼的平淡岁月。它们易获得，也易失去，因为那些轻轻浅浅的时光，总是会被人遗忘；因为许多人，总是会后知后觉，失去后才懂得它的珍贵。

第三节

千呼万唤始出来，犹抱琵琶半遮面

江州的日子，远比想象当中的要舒适得多。白居易不必再去理会朝廷的尔虞我诈，也不必再去应付人际的复杂多变。这属于他的宁静一隅，时而家里亲人的到访也会使得这个小小的庭院充满了欢声笑语，这是属于亲情的温暖，即便是有些吵闹，也是温馨的。

冲破了往日的黑暗，就会迎来希望的明亮，就像是狂风暴雨之后，必定会迎来彩虹的绚烂。此时的白居易不仅拥有理想的生活状态，也拥有了属于自己的女儿——阿罗。

这对于曾经的丧女之痛，这无疑是最好的抚慰。这个小生命的到来为白居易的生命重新注入了新的生机。婴儿的啼哭驱散了曾经的忧愁，取而代之的是喜悦与希望。

生老病死，聚散离合，犹如那天空中月亮的阴晴圆缺，江河湖海的干枯充盈，都充满着大自然强大的魔力，是微小且无法控制的。世间奇妙亦平常，有相聚，就会有分别。又是一年秋来到，一声凄切的蝉鸣，不知怎的就招惹了寒凉的秋。秋心两瓣，这时候的白居易再一次面对离愁，因为自己与亲人即将分别。

送走亲人，他独自在黑暗中矗立船头，心中倍感凄凉。静谧的夜，仿佛在黑暗中透露着神秘的色彩。侵吞一切的夜，能将人的哀思悄悄掩藏。已是深秋，枫叶已经红成一片，江边的荻花也争相开放，点缀着这个萧条的秋季。秋风吹动着草木发出瑟瑟的声音，忽远忽近地飘进耳朵，那是秋天的味道。

波光粼粼的江面传来琵琶的声音，多么美妙的声音，让人不禁为之所感染。弹奏的人到底是怎样的一个女子呢？ 他带着那颗想要一探究竟的心，慢慢向声音靠近，只希望能够一睹姑娘的容颜。

曲子逐渐接近尾声，细腻忧伤的收尾，她的神情开始恢复平静，最后竟有些许严肃。也许这是她的一种独特的自我保护的方式吧，只因不想让别人窥探到自己的脆弱。

听见琵琶声已觉感伤，大概他们同是天涯沦落人，今日能在此处相见，白居易心觉这真是人生一乐事。虽然素不相识，但是仍然觉得熟悉。忽逢知己，他心中充满了激荡。自古知音难觅，她又为他们和自己弹奏了一曲，在芸芸众生之中，也算是有缘人。

她的歌声、她的故事、她的哀愁、她的悲戚，从那一晚开始，就一直萦绕在白居易的脑海中，久久不曾散去。心有思绪万千，白居易选择写诗来抒发无法言语的情愫。于是，一首流传古今的《琵琶行》便震撼问世：

浔阳江头夜送客，枫叶荻花秋瑟瑟。主人下马客在船，举酒欲饮无管弦。醉不成欢惨将别，别时茫茫江浸月。忽闻水上琵琶声，主人忘归客不发。寻声暗问弹者谁，琵琶声停欲语迟。移船相近邀相见，添酒回灯重开宴。千呼万唤始出来，犹抱琵琶半遮面。转轴拨弦三两声，未成曲调先有情。弦弦掩抑声声思，似诉平生不得志。低眉信手续续弹，说尽心中无限事。轻拢慢捻抹复挑，初为霓裳后六幺。大弦嘈嘈如急雨，小弦切切如私语。嘈嘈切切错杂弹，大珠小珠落玉盘。间关莺语花底滑，幽咽泉流水下滩。水泉冷涩弦凝绝，凝绝不通声渐歇。别有幽愁暗恨生，此时无声胜有声。银瓶乍破水浆迸，铁骑突出刀枪鸣。曲终收拨当心画，四弦一声如裂帛。东船西舫悄无言，唯见江心秋月白。沉吟放拨插弦中，整顿衣裳起敛容。自言本是京城女，家在虾蟆陵下住。十三学得琵琶成，名属教坊第一部。曲罢常教善才服，妆成每被秋娘妒。五陵年少争缠头，一曲红绡不知数。钿头银篦击节碎，血色罗裙翻酒污。今年欢笑复明年，秋月春风等闲度。弟走从军阿姨死，暮去朝来颜色故。门前冷落车马稀，老大嫁作商人妇。商人重利轻别离，前月浮梁买茶去。去来江口守空船，绕舱明月江水寒。夜深忽梦少年事，梦啼妆泪红阑干。我闻琵琶已叹息，又闻此语重唧唧。同是天涯沦落人，相逢何必曾相识。我从去年辞帝京，谪居卧病浔阳城。浔阳地僻无音乐，终岁不闻丝竹声。住近湓江地低湿，黄芦苦竹绕宅生。其间旦暮闻何物，杜鹃啼血猿哀鸣。春江花朝秋月夜，往往取酒还独倾。岂无山歌与村笛，呕哑嘲哳难为听。今夜闻君琵琶语，如听仙乐耳暂明。莫辞更坐弹一曲，为君翻作琵琶行。感我此言良久立，却坐促弦弦转急。凄凄不似向前声，满座重闻皆掩泣。座中泣下谁最多，江州司马青衫湿。

男儿有泪不轻弹，只是未到伤心处。遇到一个与自己经历相似的女子，白居易觉得她就是自己的知己。听见她弹奏的琵琶曲已经是世间绝唱，她内心的苦恼，他也感受到了，只是没有想到他们竟是如此的相似。

曾经的他满腹才华受到当时权贵的赏识，他认真做好自己分内的事物，京城中不少权贵都是他的朋友。只是没有想到一朝失足便成为今日的下场，成了冰冷江边的不起眼的一个官员。人走茶凉，京城的人也渐渐将他遗忘，定会有新人代替他，人的感情有时就是这么不堪一击。

曾经的她红极一时，现在离开京城，想来已经没有人知道曾经在这个地方有一个绝色的奇女子，她曾经是一个传奇。她现在就算走在最嘈杂的街道上也没有人能够认出她。追随她的权贵们如今不知道进了谁的帐，也不知在为见到谁而苦恼，只是这都不会再是她。

他不只是为她哭泣，也是在为自己伤怀。十六岁开始踏上仕途的征程，他试问自己比别人更加努力，更加爱护百姓，不求大富大贵，但求无愧于心。这么多年，他一直保持着那份高傲的姿态。他只想在自己为官期间多为百姓做事，看到百姓苦难的生活，他经常落泪，那是最真诚的泪水。小人当道，他被奸人陷害，现在沦落到这步田地，他心中有太多不甘。

白居易跌到了人生的谷底，这是他一生之中最煎熬的阶段。听到琵琶女的故事，他脸上的泪水不仅是为这位可怜的女子而流，也是为他自己。他是一个被长安抛弃的人，曾经那些抱负还有欢乐也都伴随着这次的贬官成了泡影。世事无常，人不仅要受得起富贵还要经得起挫折和失败。只是人到中年，不再有那么激情，虽然岁月沉淀了豪情，让人慢慢变得沉稳，承受能力好像也变得弱了。或许是随着年龄的增长，人却变得越来越经不起失败的考验。

随着时间的推移，他慢慢适应了被贬官之后的生活。在这段时间里，他逐渐找到了自己的人生方向和情感寄托。他不再将自己全部的精力放在仕途上了，而是停下来思考自己的人生。

不仅在别人的眼中，他是一个古板的人，现在他也觉得自己的生活十分单调。在前大半生里，他心中只有国家的安危，百姓的幸福生活。他一直觉得自己的生活很充实，当世俗的利刃将他一次次伤害，他已经对曾经的理想渐渐失去了信心。

现在他只想好好珍惜以后的时光，将每一天都过得轻松、愉快。他感到自己一个人的力量有限，这条仕途他已经尽力，他不后悔，也不会再执着。

第四节

人间四月芳菲尽，山寺桃花始盛开

人间四月天，春意不再。阳春三月，春天最美丽的景色是在三月。初春，还没有摆脱严寒的侵袭，所谓春寒料峭尽是如此。而到了四月，夏天逼近，热烈的夏天将春天温婉全部赶走。想要感受春的气息，也只能等到来年，春好像一个俏皮的姑娘，过时不候，但偶尔也会有例外。

人间四月芳菲尽，山寺桃花始盛开。

长恨春归无觅处，不知转入此中来。

——《大林寺桃花》

天气大好，待在家中是浪费大好的时光，走进大自然才能得到内心的愉悦。穿上新做的衣服和靴子，心情大好，瓦蓝的天空万里无云，胸怀也变得宽广了，就好像走到了辽阔的海边，那些在心头萦绕的琐碎瞬间瓦解。一览众山小，站在高高的山顶，视野无限。走进大林寺那扇森严的大门，树上鲜艳的桃花映入眼帘，不禁令人吃惊、感叹：这样的时节，居然还有开的如此好的桃花，真是让人眼前一亮，竟给人春风拂面的感觉。

来到大林寺之前一直在感叹错过了最美的春色，现在只有等待来年才能欣赏到心中向往已久的景色。恨自己的迟钝，竟忘记了季节，冬雪漫天飞舞的时候，就在一直盼望着春天，终究还是错过了。正当懊悔不已的时候，一个不经意的执着，坚持走到了山顶，走进了大林寺，最后竟然有这样意外的收获，这样美妙的景致，春意正盛的时候也不过如此。

或许人生就是如此，总有意想不到的收获，永远不需要失望抑或是绝望，希望就在下一个路口，就像此刻眼前这满树的桃花，明艳的颜色已经让人心旷神怡，忘了归路。

自从被贬官之后，白居易的诗作一直都处于低潮，多是表现残酷现实以及愤世嫉俗之情的诗句。终于在参悟禅机的时候，不经意间看见了寺里的桃花有感而发，写出了这首积极向上的诗。那春意正浓的桃花刺激了他的视觉，正是在这一感受的触发下，诗人想象的翅膀飞腾了起来。

他想到，自己曾因为惜春、恋春，以至怨恨春去的无情，但谁知却是错怪了春，原来春并未归去，只不过像小孩子跟人捉迷藏一样，偷偷地躲到这块地方来罢了。只要耐心地寻找，即使节气已过，依旧会有另一片春色等待着自己。只要没有绝望、没有放弃，终会看见自己喜欢的景色。人生或许真的不应该绝望，勇敢地前进，再大的挫折都抵不过一个人的坚强意志。只有微笑地面对生活，生活终会回报给你惊喜。

白居易笔下的春光天真可爱、活灵活现，好像是一个害羞而又美丽的姑娘。她活泼生动，与人们做着游戏，她时而出现让你眼前一亮，时而悄悄地藏起来，谁都不见。当大家心灰意冷的时候，她又会送出一个个惊喜。若是没有对春的无限留恋、热爱，若是没有单纯、愉快的心境自然写不出这样美好的诗句。想来白居易在经历那么多是是非非之后，性格变得开朗，应该是洗尽铅华之后，想开了很多。当他开始领悟禅机，他的人生进入了崭新的阶段。

在寺庙中与得道高僧彻夜长谈之后，白居易感受良多。贪、嗔、痴是人生不快乐的源泉，只有放下才能更好地拥有，也只有舍弃才会拥有。人生只有拥有豁达的情怀，才能拥有美好的生活。

岁月流转中，时光已匆匆过去了几十年，仿佛一切只是一转眼之间的事，还不容人去思考、去琢磨，就已经身处于结果之中。年过半百的白居易，褪去了年少的激情澎湃，看透了是是非非，却难得的拥有了一颗童心。纵使青春渐行渐远，可却是离身不离心。如此，人生过半的白居易才会活得比从前更自在，更随性，也更快乐。

年少无知、少年轻狂的年代渐渐远去，留下的是一条为自己而活的道路。他宁愿相信更加遥远的神明，也不再将自己的理想寄托在帝王身上，因为他开始懂得，去相信一个昏庸无能的君子等于是葬送自己的人生。于是，执着的白居易开始放弃曾经执着的一切，走上了一条真正平和的道路。

第六章

知己：高山流水遇知音 素琴复弹九回肠

昏黄的天空，飘着浓浓的酒香，缠绕着真挚的祝福，可纵使香气四溢，却也难以掩盖离别的不舍。残阳瑟瑟，铺了满江的殷红，白居易沉醉其中。那粼粼的江水，将载着他驶向自己最渴望的地方。只是眼前的这些挚友，不知道何时再能相聚。人生无常，聚散来去，恐怕只得由缘分和命运来决定。

第一节

昨夜梦中彰敬寺，死生魂魄暂同游

你永远不会知道，明天和意外究竟哪一个会先来。起承转合中，总是会充满着意外的光临，而我们却要时刻准备着去迎接，无论它是好是坏。或许，这就是生命的奇妙和神秘之处。

年过半百的白居易迎接到了意外，也迎接到了明天。而现在，属于白居易的故事依然未曾停歇，它日夜更新，诉说着未来。

元和十三年（公元 819 年），白居易收到了弟弟行简要来江州的消息。没过几日，他就见到了那个熟悉的面庞。兄弟手足，久别团聚，这其间的欣喜与激动怎么能用语言表达得清楚？多年的深情岂是几句话就能够代替得了的？看到自己曾经最担心的弟弟有了依靠，白居易便也安心了，今后纵然再遇到困难，自己也不必担忧，算是了却了一桩心事。

心事多多，一件尘埃落定，还会有其他的不如意等着你。身处遥远的江州，即便是白居易自己无心打探，可还是会对京城里政治依旧风起云涌的消息有所耳闻。只不过听归听，白居易并不去理会，因为那样只会让自己徒增烦恼，此时的他早已经学会将心思收敛，继续参禅悟道。

那一日，东林寺中的僧人道深带领众弟子来到白居易的家中，请他为东林寺新落成的红石塔撰写碑铭。受此邀请，白居易顿时感觉到受宠若惊，他没有想到自己在当地僧人心中，竟会有如此高的地位。心怀感动，白居易亲自将认真写好的铭文送到了东林寺，并在现场指导能工巧匠将其镌刻于石碑之上。而白居易也因此得以暂时在东林寺小住一段时间。

再一次漫步至白莲池，白居易静立在池前，不禁想起自己曾与同伴们放歌夜游的曲江池，触景生情，让白居易无端陷入了矛盾之中。一面是对仕途念念不忘的心，一面是对平静生活的向往。两处皆是他心中所念，却在无数个黑夜与白昼里撕扯着他的心。

白居易这样矛盾的心理在《自题》中有所展现：

功名宿昔人多许，宠辱斯须自不知。一旦失恩先左降，三年随例未量移。马头觅角生何日？石火敲光住几时？前事是身俱若此，空门不去欲何之？

皇帝那电光石火般得恩宠让人难以捉摸，恩宠与贬谪只在朝夕之间。如今，他这个被贬之人，恐怕是回朝无望，不入空门，又该去向何处呢。

一首简单的小诗，却道出了他内心深处的矛盾与纠结。他渴望朝廷，却也忌惮朝廷。倘若遇上开明的皇帝，那么他便可以一路平稳；倘若政治里依旧充斥着尔虞我诈，那么悲剧便会再一次上演。纠结重现，白居易左右为难，可他心中明白，那条繁华的仕途之路，始终是他到不了的远方。也正是因为难以到达，才成为了他永生的情结，是他精神最渴望的地方。

那个在白莲池漫步的晚上，白居易伴着纠结入眠。梦中，他梦到了自己与刘敦质共游长安彰敬寺之事。醒来后似历历在目，于是，白居易便写下了一首《梦亡友刘太白同游彰敬寺》：

三千里外卧江州，十五年前哭老刘。

昨夜梦中彰敬寺，死生魂魄暂同游。

与刘敦质同游彰敬寺已经是十多年前发生事情了，之所以会梦到这么久远的事情，恐怕只有一个原因，那就是同游彰敬寺是在他魂牵梦绕的长安发生的故事。而在这之后，白居易的梦中总是反反复复地出现关于长安的景象，长安的街巷、长安的宫殿、长安的旧友。日有所思，夜有所梦，仿佛属于长安城的一切，都在向白居易发出召唤，要让他回到那个繁华的地方。

长安，只简单的两个字，更像是挥之不去的魔咒，时时刻刻萦绕在白居易的脑海中。日积月累，变成了心中的一个结，难以解开，却又割舍不掉。

日子就在这种矛盾与苦恼中一天天地溜走，白居易的心情依旧沉郁，就算是他的第三个女儿降生，也不曾让白居易感觉喜悦。古人骨子里重男轻女的思想让白居易在面对第三个女儿时，感觉到无比压抑。仕途的不如意，生活的不如意，诸多烦恼汇聚在心，而白居易，只有继续泛舟佛海，以求心灵的解脱。

春去秋来，那是一个伤感的季节，四周被落寞充斥着，也感染着白居易。岁末将至，心仿佛也如同季节一般，天气越是寒冷，白居易就越是感觉自己仕途无望。然而峰回路转，就在这一年十二月十二日这天，白居易突然接到了朝廷的诏书，让他代替李景俭出任忠州刺史。

双手捧着诏书，白居易控制不住地颤抖，心中的激动难以抑制，白居易喜极而泣，老泪纵横。苦尽甘来，他终于盼到了自己希望的结果，等待的苦楚无人知晓，只要结局是好的，再多的等待都是值得的。但白居易却明白，自己如今可以出任忠州刺史，不仅仅是自己的等待，更重要的是崔群等人在朝中奔走的结果。尽管前方的路途是个未知数，但这终归还是一个新的转机。薄薄的一纸诏书，对于白居易来说却是仕途的新生，重达千斤。

转过年关，等待人们的是新的开始。元和十四年（公元820年）的春天，空气中仿佛有着更多的暖意，一场春雨润泽了大地，也滋润了白居易那颗沧桑而疲惫的心。整理好心情，收拾好行囊，白居易又踏上了下一段未知的人生路途。

毕竟是在江州生活了一段时间，离开这里，多多少少有些不舍。想到当初自己第一次来到江州时的欢闹情景，白居易决心不打扰这里的百姓，只要自己静静离开就好。但是江州的名士僧侣盛情难却，要为他设宴践行。

夕阳西下，一行数人选择在江边共饮。昏黄的天空，飘着浓浓的酒香，缠绕着真挚的祝福，可纵使香气四溢，却也难以掩盖离别的不舍。

初春的江州，有一种独特的美。夜色渐深，掩盖了万物，像是一场庄严的圣礼。而夜色下的庐山，也更添神秘。

眼中的世界，即是心中的世界。带着一份恋恋不舍，也带着一份美好希望，白居易踏上了去往忠州的旅程。这一段新的旅途中，白居易所见的都是欢欣的风景：天空更蓝了，云朵更白了，风也融合了，鸟鸣也更悦耳了，大地也更伟岸了……

人还是那个人，天还是那片天，却因为心情的喜悦，而脱离了本身，幻化成喜悦人眼中的模样。只是当局者不曾知道，自己的这份喜悦能否延续到最后。

第二节

古声淡无味，不称今人情

白居易一生都在仕途上挣扎、徘徊。他已经从一个血气方刚的年轻小伙蜕变成一个历尽风霜的中年人。他比一般人更加坎坷，因为他选择了一条艰辛的道路。在朝为官，为天子分忧，为百姓造福是他毕生的心愿，不管经受多大的挫折，他从未改变心意。这也是他对家人的承诺，也是对自己的承诺。

丝桐合为琴，中有太古声。古声澹无味，不称今人情。

玉徽光彩灭，朱弦尘土生。废弃来已久，遗音尚泠泠。

不辞为君弹，纵弹人不听。何物使之然？羌笛与秦筝。

——《废琴》

一个酷爱音律的青衣女子，只有她配得上着冷静清透的颜色，世间一切美妙之声对她来说都是莫名的诱惑。终有一日，她按捺不住内心的渴望，于是，倾注自己半生时光，用上好的丝铜精心制作了这把琴。每次拨动琴弦总是发出悠远的声音，仿佛她的心声，深沉、忧伤中带着无尽的期盼。

琴声淡雅，情意绵绵，这是人性最原始的声音，善良的音律。因为它太过纯净，所以它进入不了那些浮躁人的心。世人大都爱那些浮夸的靡靡之音，而对于灵魂的需要，他们从来都不想倾入太多，只有虚幻的享受才能使他们感受到快乐。是厌恶之情左右着他们的行为，还是恐惧的情绪阻止了他们的心声？

玉徽的光彩褪尽，朱弦也已落了一层灰土。时间的脚步从未停歇，春去秋来，忘却了究竟多少年过去了？它已经被遗忘在角落里，没人再去弹奏，只有孤单寂寞陪伴着它。它只能等待，等待着那个有缘人再次拨动琴弦，将它沉淀已久的感情释放。

终有一日，一个男子看见这把古琴，只那一眼，他便被它的柔美所吸引。走上前，拂去灰尘，开始弹奏，原来世间竟能有如此柔美的声音，他深深地爱上了它。他日复一日、年复一年地弹奏着悠扬的乐曲，纵使没有人欣赏，没有人聆听。那琴声在空气里蔓延着，从未停歇。

什么东西能够给人如此享受？不论是何种乐曲总有它的追

随者，他们从来都不会寂寞、不会萧条。纵使时光如何变迁，在真心热爱音乐的人心中，羌笛与秦筝依然是世间的绝响。

时间已经将白居易身上的棱角逐渐磨平，他懂得了内敛，学会了忍耐。全无奸佞的朝代是不存在的，每个朝代都有那些令人发指的贪官污吏，他们搜刮民脂民膏，中饱私囊，却又是那样位高权重，有一群追随者。白居易渐渐明白这个道理，清官与奸佞就是此消彼长的关系，没有任何一方可以绝对胜利。

自从为官以来，他看遍了世间百态，尤其是官场的黑暗与虚伪。他们都在忙于向上级献媚，为自己谋取利益，百姓的生活以及安危根本没有几个人真正放在心上。即便是他看清了事实，可还是心有不甘，他不愿意就这样将百姓置于不顾。

他多么希望那个皇城里的“神”，能够感受到他看见的一切，那么，所有的努力都是有意义的。白居易相信，那个拥有至高权力的人一定爱民如子，只是被那些靡靡之音、虚假的消息所蒙骗，所以，他一直都看不到繁荣背后的危机。他想通过自己的努力，让君王看见现今国家的问题所在。于是，一首首诗成了最好的表达，那些淡雅的文字中蕴藏着澎湃的热情，他希望当权者能够通过诗句了解到他的感受，看到他的隐痛。

寄希望于诗，却也不能放弃手中能做的点点滴滴。成为忠州刺史，白居易下定决心大干一场，放手一搏，全心全意为百姓谋福利。他希望百姓安康，也希望自己能够重回长安城的朝堂。

忙碌的岁月，总是过的那样快，快到让人会觉得恍惚，觉得不真实，甚至会怀疑自己是否真正的经历了那些时光。然而，这一切只不过是自己的错觉，时光不曾停下脚步，依旧匆匆向前。

又一个秋如约而至，寂寥的秋天总是能勾起人们的思念。这时候的白居易开始思念离去的女儿，开始思念远方的亲人，开始思念江州那些僧侣朋友，也开始思念远在长安的旧友。瑞雪普降，白皑皑的一片覆盖住往日的喧嚣，只留下寂静无声。万物萧条，这越来越冰凉的风景，让人心也越来越荒凉与无助。

当肃杀的寒冷笼罩了世界，白居易听到了一个来自长安城里的消息——好友崔群被奸人陷害，贬出了长安城。望着瑞雪，白居易深感痛心。曾经那些忠臣如今都遭到了贬谪，而自己却还期望返回朝堂，这岂不是无边的奢望？如今的朝中没有了崔群，自己就又少了一个能够援引的人，这又怎么能够回到长安呢？

洋洋洒洒的雪花飘落下来，整个世界都变成了白色。它们像是一个个小精灵，降落人间。可它们太过于调皮，一颗颗不安分的心想要掌控世界，将这里变成它们的王国。它们覆盖住枯树，覆盖住房屋，覆盖住脚印……想必他心心念念的长安城也是如此一番景象吧？

漫天的风雪，迷茫了人的眼睛，而朝廷里的风雪则迷茫了白居易的心，让他不敢预想未来，也不敢太过期望，只留下空洞洞的躯壳，不知所措，茫然无助。

第三节

人生莫作妇人身，百年苦乐由他人

迷离的苍穹让人琢磨不定，千姿百态的世界让心跌宕起伏。那沉闷的暮色一度让人意志消沉，但却无法抵挡它的到来。这世间的你我他，都只是沧海一粟。不经意之间，我们会被欺凌和讽刺腐蚀了心智，而后的迷茫，也让我们虚度了许多不堪回首的流年。

早春二月悄然而至，尽管这个时候的忠州依旧有些许的寒气，但与北方的气候相比较，已经算得上是温暖。

春季，总是给人带来希望，对于白居易来说也是如此。他在翘首企盼，期盼希望的曙光。他在耐心等待，等待好消息的到来。可是日复一日，依旧没有从长安城传来的半点消息。一日两日，一个月两个月，何时才能熬出头，才能回到长安呢？

如今的白居易，独自在这荒凉的小城中苦苦煎熬与等待着。时光的磨砺下，无尽的等待中，白居易早就没有了当初上任时的那份积极与热情，有的只是心灰意冷与万般无奈。

回首往昔，兜兜转转几十年，实在是太难太难。他一直都想往那座城里钻，却没有看到外面的风景更加秀美。然而那条通往城里的路，越走越窄，已经快要让人窒息，如同人生路一样艰辛不易，是那太行山远远比不上的。

太行之路能摧车，若比人心是坦途。
巫峡之水能覆舟，若比人心是安流。
人心好恶苦不常，好生毛羽恶生疮。
与君结发未五载，岂期牛女为参商。
古称色衰相弃背，当时美人犹怨悔。
何况如今鸾镜中，妾颜未改君心改。
为君熏衣裳，君闻兰麝不馨香。
为君盛容饰，君看金翠无颜色。
行路难，难重陈。
人生莫作妇人身，百年苦乐由他人。
行路难，难于山，险于水。
不独人间夫与妻，近代君臣亦如此。

君不见左纳言，右纳史，朝承恩，暮赐死。

行路难，不在水，不在山，只在人情反覆间。

——《太行路》

人生之路艰辛啊！朝廷之中，宝座上的君王喜怒无常，人心惶惶。早晨还是皇恩浩荡，晚上就是性命堪忧。伴君如伴虎，他却是比虎狼更可怕的人。虎狼能够激起人自卫之心，君主却是让人无法抗拒。一颗忠贞的心只想静静地守护着那高高在上的人，完全没有戒备之心。山路再险阻也有办法可以克服，水路再颠簸也会有更加坚固的船只，只有人心没有办法左右，任其欢喜，任其忧愁。

曾几何时，白居易的正直和才华受到了皇帝的赏识。皇帝开始赞赏他，并倾听他的谏言。这是他一直以来的梦想，有一天可以陪伴在君王身旁，为他排忧解难。曾经他满怀希望，或许有一天他能够成为皇帝信任的臣子，这样他就可以为百姓做更多的事情。白居易可以将百姓的疾苦慢慢讲给皇上听，让他感受到百姓的苦痛，或许百姓的生活会逐渐改善。只是，没有想到，皇帝是这样一个喜怒无常的人，曾经的喜悦还在心头徘徊，现在已经跌进了万丈深渊。

静静地待在家中，他已经丧失了曾经的骄傲、曾经的斗志。

他需要时间调整自己的心情，继续生活。他在想是否真的有那么一个地方，四季如春，人民善良，没有战争，没有饥饿，那么是不是所有的人都不需要将自己全部的心思投注在那一个人的身上，可以拥有自己的生活，追逐自己的理想。

坐在院中的树下，静静地品着一杯香茶，看着天空中三五成行的飞鸿，突然觉得生活还是那么美好，生活在这个纷繁复杂的世界上，一定会有很多的坎坷，很多的痛苦，人就是在不断面对这些痛苦的过程中逐渐完善自我。

挫折只会令人更加坚强，知道了一个人的本性就不会再有失望。一段无疾而终的等待，往往伤害自己的只是自己心中的希望。对于皇帝，他已经渐渐失去了曾经的顶礼膜拜，那个人好像已经跟他没有关系。或许，他与那个人从来就没有过任何交集，那个人还是大明宫中高高在上的帝王；而他只是一个芝麻小官，一个在帝王的心中没有留下任何痕迹的人。

各种失望和伤害都会随着时间的流逝而淡去，还是同样的夜色，同样的地方，心态却完全不同，曾经的执拗，曾经的坚持，现在看来已经有些好笑了。从前的自己无法令现在的自己满意，现在的自己也必将无法取悦将来的自己，一切看似荒唐的行径或许都是必经之路。

不知不觉中，他的意志在一天天消沉，他的身体在一天天消瘦，他的面容在一天天憔悴。那个满腔热血的白居易，怕是早就被人遗忘在这荒城之中，像是无人问津的小草，命运只有自生自灭，这是何等的乖张、何等的玩弄！

也许，这就是生活吧！它有它的规律，那就是悲喜交加。幸运与美好不会一直眷恋着你，因为有喜有悲的，才叫人生，就像是万里无云的湛蓝也会被电扇雷鸣取代，就像是白雪皑皑的严冬也会被春天温暖。

濒临绝望的白居易在无尽的等待之后，做好了长居此地的准备。可就在这时，上天却顺应了“否极泰来”的道理，那座城里，高高在上的天子又用一纸诏书，就让被贬的白居易从忠州刺史成为尚书司门员外郎。

这一次，白居易终于踏上了回京的路。

枯木也有春天，这个期盼已久的消息让眼前的春天分外妖娆。曾经的失意，被现在得意所取代，而人生，就是在失意与得意之间无形转换。如果得意是高山，失落就是山谷，凡是山川，皆会出现山峰和山谷交替的景象，由此构成了错落有致的落差之美，也才有了花开花落的欢欣与怅然。经历了人生沧桑的白居易，也在这转换之中，学会了笑容以待，顺从命运花开。

第四节

谁谓月无情，千里远相逐

骑着一匹骏马，带上自己的喜欢的书籍，伴着夕阳和微风，白居易开始走上了回京的道路。热情奔放的黄河，巍峨的黄山，还有那如镜般的湖面，一切都是那么令人沉醉。孑然一身，放空自己的灵魂，聆听着大自然的呼唤。那一刻，曾经令人不愉快的往事，令人厌恶的人，都慢慢从脑海中消失了，是是非非都已经成为往事，他在默默地期盼着那即将到来的最佳机遇，等待属于自己的理想慢慢实现。

时间在流逝，没有什么会永垂不朽，也没有什么会恒久不变，因为这世界上唯一的不变就是改变。

就像是这一年的白居易，仿佛受到了幸运女神眷顾。回到长安，白居易便与元宗简一同被封为朝散大夫，之后的不久，又被提拔为了上柱国，官居正二品。幸运的还不止白居易一人，就连他的妻子杨氏也被穆宗封为了弘农县君。封荫妻子，对于白居易这样的封建文人来说，可以算得上是最为光荣的事情了。这不仅是对妻子的肯定，也是对自己的肯定，甚至还可以光宗耀祖，造就一段流芳百世的佳话。而后的十月，皇上又封白居易为中书舍人，如此，他也走上了高官的行列。

仕途上虽然平步青云，但曾经多次被贬的白居易，早就变得荣辱不惊了。其实，在他的心中，还是渴望安宁的，官场毕竟沉浮不定，他只想留给余下的生命留一份安宁、一份美好，珍惜以后的每一刻，愉快的生活。

为了寻求一片清静之地，白居易在远离皇城的一处土地购置了新宅院。不明真相的人都嫌那地方太过于偏远，可唯独白居易却很是喜欢那里的环境。那里前有青龙寺，后有丹凤楼，闲来无事时，他还会摘花种草，修筑围篱，开渠引水。一番整修之后，这个宁静的宅院俨然成了一个修身养性的好去处。

参悟禅理，休养生息，此时的白居易静以修身，俭以养德。可越是如此，他就越觉得曾经自己向往的京城不再适合自己。

他想走出长安，因为那座方方正正的城，已经不再是他理想的王国。只有遍览祖国的大河大山才是他追求的生活，走进大自然的怀抱，享受生命最初的感动。

对于白居易来说，回归山林，求得一方宁静，才是他的心愿，他希望自己能够不受世俗的纷扰，而这个能实现他理想的地方，便是江南。

客从江南来，来时月上弦。悠悠行旅中，三见清光圆。
晓随残月行，夕与新月宿。谁谓月无情，千里远相逐。
朝发渭水桥，暮入长安陌。不知今夜月，又作谁家客？

——《客中月》

当人离别相思时，月可寄情传意。当人孤独寂寞时，月则与人为伴。白居易心中的月就是这样陪伴着他的，行客旅途寂寞，这是众人皆知的事情，只是奔波不知道什么时候可以到达终点。沿途的风景有时可以将人的目光抓住，但是那短暂的欢愉根本无法抵御长夜漫漫的寂寥，只有月亮能够照亮黑暗的天际，明媚又温柔，让人无法抗拒。

晓随相宿，越陌度阡，潜力相随。那一轮明月既能衬托出沿途的寂寞，又能情意殷勤的慰藉着人心。柔美的意境里，我们仿佛也伴着诗人，跟随着月亮在黑暗中行走，感伤慢慢被那月夜融化了。只有一匹骏马，一个旅人，一声长叹，一段逍遥。

江南风光无限好，西子湖畔，断桥烟雨，还有那色彩斑斓的油纸伞，点缀着纯色的西湖。半山腰上的凉亭可以俯视山下的一切，壮阔旖旎。为了逃避世俗的纠缠，他想要去江南，早闻江南山水秀美，可百闻不如一见，倘若江南的美景真的能够让人眼前一亮，那么他也不虚此行。

只是长安到江南路途遥远，沿途的景色恐怕也不能安慰旅人的心啊。久居长安让人感到厌烦，这里总是那样喧嚣，车水马龙。穿梭于形形色色的人群中，街道上熙熙攘攘的人并不能让人感到温暖，反而到处充斥着陌生的感觉。

酒楼里一群人围着一桌美味佳肴，互相寒暄，相互吹捧着，却不知道对方此刻心中所想，或许明天他们就会变成仇敌。不知道是否虚情假意、两面三刀才是这个世界的常态。那些正直之士从古至今都只会被排挤、陷害，最后无奈地退出那个曾经充满理想的圈子。

长安城里，不正之风盛行，官场糜烂，高高在上的天子每日沉迷于享乐，耳边都是那些溢美之词，未雨绸缪和居安思危在他的身上几乎已经完全消失殆尽。官员们忙于升官发财、阿谀奉承，完全忘记了圣贤书的教导。这样的氛围已经使白居易厌倦至极，他宁愿走在田地里与百姓畅聊，参加百姓组织的篝火晚会，这才是真正的聚会，最灿烂的笑容和最真诚的语言。

曲径通幽处，或许这个时候，唯有幽静的禅院，才能成为心中安静的港湾，因为在他的世界里，难得有这样的宁静氛围。他的前半生一直在挣扎、奔波，心中只有做一个好官的理想和信念，完全没有考虑过自己真正的需要。那些圣贤书教会了他很多道理，但是心中的想法也被其慢慢禁锢了，原有的坚持慢慢变成了执着，执着渐渐变成了执拗。

经过时间的洗礼、岁月的冲刷，那份刚强的决心渐渐降温，那份曾经的执拗也开始蜕化。他开始渴望与世无争的生活，或许这是一种逃避，但白居易却从中得到了宁静。或许，也只有我们独自一人的时候才能够与自己的心灵对话，找到自己心灵深处的渴望。人生在世不是只有名利值得去追求，还有太多美好的事物值得我们去拥有。或许不应过于执着于一些事情，过多的执着会变成枷锁。

夜幕降临，云气收尽，天地间充满了寒气，天上的繁星恰似银河流泻无声，皎洁的月儿转到了天空，就像玉盘那样洁白晶莹。不知何时，长安城已经在身后，越来越渺小，一同渺小的，还有曾经的执着。夜色下，它们慢慢隐藏、消失……

第七章

放逐：此情绵绵无绝期　寂寥没世空悲恨

色彩缤纷的花儿迷了游人的眼睛，小小的花骨朵儿还没有长成，漫山遍野闪耀着星光。青山绿水，鸟语花香，就连心情也随着这轻盈的空气变得开朗。凡尘中的是是非非已经变成了过眼云烟，灵魂的洗礼从看见西湖的第一眼便开始了。

第一节

乱花渐欲迷人眼，浅草才能没马蹄

每一轮初升的太阳，都代表着一个新的开始。日出日落，那个火热滚烫的火球不会为了哪一个人停下自己的脚步，它像是战场上铁骨铮铮的将士，坚守着自己的使命，不会松懈一分一毫。刚刚过去的每一秒都成了无法回去的过去，如此的无情，才会让世人感叹，岁月的残忍。美好年华是如此的宝贵，只有知道自己想要什么，该做什么，才能与这样的宝贵彼此平衡。

白居易现在想要的，就是离开长安城，去往鱼米之乡的江南。

江南，柔美多情的代名词。年少时的白居易曾经游历过一次杭州，可就是那一次短暂的交集，让他从此深深爱上了这个说着吴侬软语的、名为“江南”的地方。他想要生活在这里，在这里生根发芽，尽管身居中书舍人这样的高位，但年少时的梦想，白居易却不曾忘记过。

就在白居易五十一岁的这一年，他主动请求穆宗要求外放任杭州刺史。在得到穆宗的同意后，少年时的梦想照进了现实，一切都成真了。

同之前的贬官不一样，此时的白居易不是被贬之臣，没有了以前的清冷落寞，取而代之的是每到一处都会受到当地各长官的宴请。几十年后再一次来到江南，白居易难以抑制自己心里的激动和兴奋，可这样的喜悦却不容他忘了现实的处境。出任杭州刺史并不是一件简单的工作，而为了报答穆宗的知遇之恩，白居易更是下定决心要竭尽全力当好这一州之长，如此才能不负穆宗的恩泽。

于是，被政务长久缠身之后，白居易的身体开始有些吃不消了。病痛折磨着他的身体，在每一个夜深人静的晚上，白居易都会因为身体的不适而彻夜难眠。他的身体日渐消瘦，面容也日渐憔悴。

杭州的春天来的是那样的早。不过初春，杭州早已春暖花开，草长莺飞。天气转暖，人们也都愿意出门去感受春的气息。熙熙攘攘的人群带来了生机，而此时白居易的病情也似乎因为春的暖意而逐渐有了好转。或许他天生就属于无拘无束的大自然，或许是他天生就有一种艺术家的气质，能够发现细微的美。

身体刚有所好转，白居易就又萌生了游历的想法。一首《钱塘湖春行》写尽了无数人向往的西湖美景，也成了千古的佳作。

孤山寺北贾亭西，水面初平云脚低。

几处早莺争暖树，谁家新燕啄春泥。

乱花渐欲迷人眼，浅草才能没马蹄。

最爱湖东行不足，绿杨阴里白沙堤。

香火鼎盛的孤山寺庄严地屹立在高高的山顶，蓝天白云与那屋顶的绿瓦连成一片，寺北蜿蜒着的小路一直通向贾公亭—— 一个休息的驿站。站在山门外，西湖美景尽收眼底。她婀娜多姿，清澈明亮，仿佛是仙子的脸庞。

重重叠叠的白云与平静的湖面争相呼应，我在你眼里，你在我心里。贾公亭中的雕刻，最是吸引人，繁华又不失优雅。坐在亭中观赏，别有一番滋味。抬头仰望孤山寺像是蓝天下悬挂的一盏明灯，低头俯看西湖像一面仙人的镜子。湖里倒映着她们的容颜。她们是最美的点缀，西子的柔美溶在她们的一颦一笑中。

原本突兀的树枝上开始时长出嫩芽，几只早出的黄莺站在枝头唱着欢快的歌，它们好像嗅到了春的气息，挣脱了母亲的束缚，独自飞出，想要感受新鲜的空气、温暖的阳光。春寒料峭，不能阻挡它们追求自由的脚步。燕子们开始修建自己的家，他们用自己的勤劳换来安逸的生活。又是一年春来到，全新的生活开始了。

色彩缤纷的花儿迷了游人的眼睛，小小的花骨朵儿还没有长成，漫山遍野闪耀着星光。青山绿水，鸟语花香，就连心情也随着这轻盈的空气变得开朗。凡尘中的是是非非已经变成了过眼云烟，灵魂的洗礼从看见西湖的第一眼便开始了。

长安城中每天都是嘈杂的声音和熙熙攘攘的人群，离开那片喧嚣，整个人都变得轻松了。这个充斥着吴侬软语的地方，就像是一个迷幻的梦境，进入梦境的人因此着迷，失了心智，在这美景之中兜兜转转不忍离去。

世人都喜欢繁华，所有最好的事物都要向天子的脚下聚集，向繁盛的地方靠拢。那么多儒生，读万卷书，行万里路都是为了一朝能够成天子器重的人，享尽富贵荣华。

而人往往会被这些表面的风光所迷惑，丢失了自己的本性。长安城里那些文人墨客，有多少已经忘记了自己作诗的初衷，只把它当作走上仕途的捷径，文风早已没有了曾经的淳朴。殊不知亭台楼阁、雕栏玉砌都是镜中月，水中花。它们只是迷乱了你的心绪，然而这世界上的万千事物，没有人可以主宰，它们不属于任何人，只属于这茫茫的大自然。

大自然，是最接近真实的地方，没有刻意的人工雕琢，一切都是那么自然、清透。白居易热爱这种无拘无束的生活，没有欲念，只有一颗热爱单纯的心灵。若是他没有背负那么多人的期望，他想在这山水之中了却余生，那必将是人生一大美事。

踏着青草的芬芳，一切琐事都已经飘然远逝，那些官场风波只会在那个遥远的地方上演，这里从来都是干净之地。若人生只为自己而活，若人生没有那么多无奈，他是否会成为这山水间的一名隐士？

行游在山水之中，感受大自然的奥秘，让白居易慢慢开始喜欢上了旅行。他一生之中走过了很多地方，那些官场的失意竟成就了他的创作，而他的那些诗作中很多都是在旅行路途中的所见所闻。

游历山水无疑成了他创作诗作的源泉，而游历与写作也让他的生活变得丰富多彩，让他看到了不一样的人生，一如这世间，还有同长安城的繁华不一样的江南水乡。

第二节

清弦脆管纤纤手，教得霓裳一曲成

杭州，无论是在当时还是现在，都是以其独特的江南水乡的美景而闻名的，在众多名山大川秀丽的风景间，它都以其独有的气质在静默中凸显。而江南水乡，有着许多的佛寺，星罗棋布地点缀在西湖周围，成为翡翠般的娟丽景象。

一旦感受到了西湖的诗情画意，白居易就止不住游玩的兴致。孤山寺、天竺寺、恩德寺都成了他的好去处。经常同行的还有好友范阳卢贾、汝南周元范、兰陵萧悦、清河崔求等人。

那一次，白居易与友人来到了灵隐寺前的侯仙亭饮酒，同往日一样，他也带了几位舞女。一番饮酒作乐，白居易酣畅淋漓，诗兴大发，随即做了一首《侯仙亭同诸客醉作》：

谢安山下空携妓，柳恽洲边止赋诗。

争及湖亭今日会，嘲花咏水赠蛾眉。

白居易不仅会带着舞女出游玩赏，还会在节日期间欣赏舞女们的表演。白居易是喜爱歌舞的，当年在朝中，他欣赏了不少西域和宫廷歌舞，并且他还用诗歌描绘了这些歌舞的场面、舞姿、造型、服饰等。

如今来到了杭州，白居易觉得这里是歌舞的天堂，那些舞女们特别擅长歌舞。于是，他便把那些曾经欣赏过的西域歌舞和宫廷歌舞教授给她们，而这其中，最著名的就要数《霓裳羽衣曲》和《霓裳羽衣舞歌》。

我昔元和侍宪皇，曾陪内宴宴昭阳。千歌万舞不可数，就中最爱霓裳舞。舞时寒食春风天，玉钩栏下香案前。案前舞者颜如玉，不著人间俗衣服。虹裳霞帔步摇冠，钿璎累累佩珊珊。娉婷似不任罗绮，顾听乐悬行复止。磬箫筝笛递相搀，击恹弹吹声逦迤。散序六奏未动衣，阳台宿云慵不飞。中序擘騞初入拍，秋竹竿裂春冰坼。飘然转旋回雪轻，嫣然纵送游龙惊。小垂手后柳无力，斜曳裾时云欲生。螓蛾敛略不胜态，风袖低昂如有情。上元点鬟招萼绿，王母挥袂别飞琼。繁音急节十二遍，跳珠撼玉何铿铮！翔鸾舞了却收翅，唳鹤曲终长引声。当时乍见惊心目，凝视谛听殊未足。一落人间八九年，耳冷不曾闻此曲。湓城但听山魈语，巴峡唯闻杜鹃哭。移领钱塘第二年，始有心情问丝竹。玲珑箜篌谢好筝，陈宠觱篥沈平笙。清弦脆管纤纤手，教得霓裳一曲成。虚白亭前湖水畔，前后祇应三度按。便除庶子抛却来，闻道如今各星散。今年五月至苏州，朝钟暮角催白头。贪看案牍常侵夜，不听笙歌直到秋。秋来无事多闲闷，忽忆霓裳无处问。闻君部内多乐徒，问有霓裳舞者无？答云七县十万户，无人知有霓裳舞。唯寄长歌与我来，题作霓裳羽衣谱。四幅花笺碧间红，霓裳实录在其中。千姿万状分明见，恰与昭阳舞者同。眼前仿佛睹形质，昔日今朝想如一。疑从魂梦呼召来，似著丹青图写出。我爱霓裳君合知，发于歌咏形于诗。君不见我歌云"惊破霓裳羽衣曲"，又不见我诗云"曲爱霓裳未拍时"。由来能事皆有主，杨氏创声君造谱。君言此舞难得人，须是倾城可怜女。吴妖小玉飞作烟，越艳西施化为土。娇花巧笑久寂寥，娃馆苎萝空处所。如君所言诚有是，君试从容听我语。若求国色始翻传，但恐人间废此舞。妍媸优劣宁相远，大都只在人抬举。李娟张态君莫嫌，亦拟随宜且教取。

——《霓裳羽衣舞歌》

那是一段浮华的回忆，帝王之家定是奢靡到极致的，仿佛看见了当时那个繁盛的场面，这也让白居易想起了年轻时候在宫中见到的情景，那时候的他对于未来充满了希望。如今，他到了迟暮之年，有时仰望明月才发现，现在的自己与当初理想中的自己相差甚远，那些熊熊燃烧的火焰慢慢地变成了静静流淌的河流，只剩下一颗宠辱不惊的心在风中飘荡。

思绪飘荡，当时春寒料峭，一群舞姬在玉钩阑下的香案前忘情地舞蹈。彩色的纱衣给这个春天增添了很多生机，他们就像是树上的新芽，让人看见希望。舞女容颜如玉，温润清透，不食人间烟火。她们身上佩着五颜六色的装饰，舞动时佩声叮铃。优美的舞姿配上悠扬的音乐，那是一种完美的体验，不是仙子胜似仙子，让人恍如身处天宫之中。

舞女们的舞衣如阳台峰上驻留的宿云片片，美妙得令人难以捉摸。他的心也随着音乐开始飘扬。猛然间，音乐开始发生变化，又将大家带入了另一段情景之中，其声如秋竹爆裂，如春冰化开。

瞬间，所有的柔情变得强烈，让人无法抗拒，只有闭上眼睛慢慢回味。轻盈旋转的舞姿如回风飘雪，嫣然前行的步伐如游龙矫捷。垂手时像柳丝娇柔无力，舞裙斜飘时仿佛白云升起。

黛眉流盼说不尽的娇美之态，舞袖迎风飘飞带着万种风情。这样的舞蹈只能在宫廷之中才可以看到，民间难得一见。世间所有的美丽仿佛只为皇城里的那一个人，平民百姓只有取悦别人的资格，却没有权利享受快乐。

此景只应天上有，人间哪得几回见。只是没有想到，自己竟与这美景只有一面之缘。自从到民间，再也没机会观赏此曲此舞。自己最喜爱的舞蹈就成了自己的牵挂，只有那一次，却一生铭记在心间。就算看再多的歌舞，即便是绝美的柘枝舞，也抵不过当初的情感，唯有《霓裳羽衣舞》是他的最爱。

又一个盛夏来临，转眼之间，白居易在杭州已经任了三年的刺史。还没等任职期满，朝廷就下了诏书，封白居易为太子左庶子分司东都，这意味着他要离开这个心心念念的江南了。可这里的一切让他留恋，他不着急赴任，只想要趁着这段时间，尽情地游玩。

游寺、饮酒、观花、吟诗、作画，想到这杭州所有的欢乐都要结束，白居易的心里还是有一些落寞。

离别，总是会让人深陷疼痛。人生的伤感莫过于离别，那刻骨铭心的痛，就像是有人用刀子在你身体最脆弱的某个地方划下了一道伤口，只是轻轻的一下，那伤口会在绵延悠长的时间消磨下，逐渐地凝成一道永不褪色的疤痕。虽然伤口已经愈合，可是伤疤却依然还在，它在时时刻刻地提醒着自己，久久不能平息。也许离开了杭州，那些诗酒西湖的日子，也会将一去不复返了。

第三节

来如春梦几多时，去似朝云无觅处

《琵琶行》中，江州司马青衫湿的场面，我见犹怜。人生不如意之事良多，为官多年之后，白居易不曾想过自己有一天竟会被贬官。三十年河东三十年河西，如今，长安城里熟悉的一切都慢慢离自己远去。江州司马江州泪，江州的苍凉成了白居易一生难忘的回忆。

像是黎明前的黑暗，暴风骤雨前的宁静，人生中最难熬的时刻，但只要挺过来就是一片晴天，甚至你还会有别样的收获。走出长安，走进长安，从江州到忠州，从杭州到苏州，每一处都留下了白居易的足迹与故事。

这一路，他得到了很多东西，也失去了很多东西。那些离自己远去的，只有在失去之后才倍感珍惜，亲情、爱情如此，身边任何看似微不足道的事物，总有一天会激起你的思念。就像是大自然赋予这个世界的种种，我们已经习惯，轻易承受不了变化。而这跌跌荡荡的一路走过来，白居易懂得了顺应天命，因为有些改变不了的事情，努力过了就不要再去纠缠，能做的就是看淡些，再淡些。因为虚无缥缈的朦胧，有些时候反而是一种美……

花非花，雾非雾，夜半来，天明去。

来如春梦几多时？去似朝云无觅处。

——《花非花》

是花吧，好像又不是花；是雾吧，好像也不是雾。

午夜里，它从黑暗中悄声来临；天刚亮，又在晨曦中飘然离去。捉摸不透，更加看不真切，究竟是什么，是什么让人这般纠结，难以分辨？

它来了，像春梦让人陶醉，可又能相伴多少时间？短暂的相遇，轻轻地碰触着心灵。它去了，像朝霞让人迷恋，转眼间，不知飘散在何处。

追寻着花，追逐着雾，追寻着那些歌姬，她们如同花，如同雾，没有固定的居所，游荡在不同的地方，陪伴着不同的人。如此这般的命运她们却无法选择，只能默默承受。她们的美丽吸引着权贵，他们是那样的高高在上，却也需要地位低下的她们的陪伴。这世上的高贵与低贱又是怎样区分的呢？

白居易的心中一直充满了疑惑，他已经看不清这个世界的本来面目。当时光流转，世事变迁，一切都是过眼烟云。然而世人却是那么执着要给自己一个富贵的头衔，好像此生就是为它而活。

究竟什么是高贵，什么又是低贱？普通人眼中的高贵之人，也不过是金玉其外、败絮其中，那些看似低贱的人却拥有高贵的人格。谁又能看清谁的内心？歌妓就像是水中的浮萍，点缀着湖水的美丽，但是却只得到了轻视。

夜半来，天明去，好像梦一场。人生又何尝不是一场醒不了的梦幻，一夜之梦易醒，如此短暂怎能不让人留恋。歌妓的到来虽像梦一样飘忽，但是却还有一些让人难以忘却的真实。只有半夜才会出现的人并不真实，因为她经不起阳光的洗礼，只能拥有淡淡的月色。

春梦虽美却短暂，一时痛快，最后却不知道怎样找寻曾经的快乐。让人心存向往的东西总是那样容易逝去，所有人只能静静地享受过程中的种种。一旦它们离去，心中难免就会有些慌张与不真实感，甚至会怀疑，它们是否存在。

荣华富贵，各种享乐都是如此，从来都不曾真实，都是虚无缥缈的东西，不仅抓不住，而且生不带来，死不带去。不知道世人都在执着些什么，酒色财气就像是半夜的雾气，花园里的花朵，不知道什么时候就会消失。可人们却都想要紧紧抓住那本就不可能实现的奢望。

白居易看见人们都在为一场春梦厮杀、挣扎。站在人生的十字路口却不能选择一条光明的道路。天亮了，太阳照射着大地，还有什么比光明更加重要，更加真实？

这一首诗的风格，完全颠覆了白居易原有的格调，在此之前的诗句基本上是以直白的叙事或者写景为主，而现在他的诗作则多了几分柔美，让人记忆深刻，也给后人给了很多灵感。

花、雾、梦、朝云，一切的一切都是朦胧的、缥缈的，那容易凋零的花朵、易散的迷雾、易醒的梦、飘忽不定的云朵都沉淀着深邃的情感。忽明忽暗，忽远忽近，时而清晰，时而朦胧，如此这般的还有白居易心性的变化。“诗魔”的诗句总是蕴含着清冽的情感，赞美的、讽刺的、同情的，无不是一眼就能看穿。

白居易把歌姬的生活描述得十分贴切，因为他怜爱这样的女子。她们美丽而又飘忽不定，不知道此生还能否相见，心中还有那些曾经相聚时的美好回忆。他在内心深处同情那些女子，她们的生活终日都是这样的漂泊，没有谁喜欢过这样的生活，她们都是受生活所迫或者被人威逼才会走上这样的道路的。

世间有多少人身不由己，他们没有办法选择自己的人生道路，所有的一切都是命运抑或是别人的安排，很多流落在烟花之地的女子都是贫苦的百姓之女。若是家境富足，没有哪一家父母会将自己的孩子葬送到这样暗无天日的地方。白居易不仅怜惜这样的女子，也被她们的美丽所吸引，她们像是月夜里的精灵，若不是沦落到这样的地方，她们的命运会不会像她们的容颜那样美好？

望着她们，再看看自己，要是他没有走上仕途只是一个平常百姓，那么他的生活又将会如何？会比现在更加轻松一些吗？白居易一直思考着这样的问题，因为大起大落的生活并不能让人感到愉快。现在这样的生活已经让他感到筋疲力尽，他需要逃离这个令人窒息的氛围，逃离现在的所有。

美丽的月夜，远远的山上好像有一座寺庙，恍惚之中，白居易好像听见了僧人们做晚课的声音，诵经声、木鱼声，那样悦耳。只有寺庙这样静寂的地方才能让人感到安宁，人生若是可以选择，他宁愿一开始就是这山中的一个小沙弥，每天无忧无虑，不会再为任何事情烦恼、忧愁。

这首诗不仅是对歌姬生活的思索，也是对他自己生活的思考。芸芸众生都是这个世界的过客，在历史的长河中不过是经历一段细微的时光就要匆匆离去，这是始终无法改变的事实，没有人能够在这个世界上永生。在这一首诗之后，白居易开始领悟生命的意义，在这个嘈杂的世界上不过数十载，经历了太多的悲欢离合，在得到与失去之间不停歇地徘徊，他累了，却无法摆脱。

已经知道一切不属于自己，却还是没有办法说服自己将一切看淡，那些功名利禄都是过眼云烟，成功之路异常艰辛，成功之后的生活更加艰难，有的人一生荣耀，却是高处不胜寒，到了必须离开的那一日，却带不走自己的灵魂。

作为一个年过半百的人，时光如斯，对白居易来说只有惜时、回忆、安度晚年。他想成为一个生的快乐，死的安乐的人。

于是，他进出庙宇之间，与那些思想纯净的高人交流，自己的一颗心也变得豁达了许多。他深深地眷恋着生命，但却没有执念，只愿现世安稳，一切安好而平静。

第四节

恋他朝市求何事，想取丘园乐此身

像是高崖的瀑布般，年少时都是激情澎湃的清水，怀着一颗渴望的心，想要到那悬崖下面去看一看，究竟是一个怎样多彩的世界，这般吸引着人。一路奔腾，一路跌宕，高潮起落，当垂直而下的时候，当水花四溅的时候，一切都归为了平静。

也许你不在期盼那个曾经以为不同的世界，因为你早已在岁月流逝中，不再有当初渴望的模样。而你，也在这其中看惯了悲喜，寻觅到了本应有的淡然自若，也懂得了在忧伤的时候敞开自己的胸怀。经历得多了，心中也就没有了伤。渐渐地在一壶清泉间参透了似水流年，品味清欢。

来到了苏州的白居易，曾经因为身体的不适向朝廷请了一段时间的假。而在当时的唐朝，请长假是有可能丢掉官职的。而能否再担任新的职位，还要看朝廷中有没有其他的空缺。如果运气好，则会很快上任；而运气不好的话，则要等上很久。可以说，这是一个冒险的假期，没有人会拿自己的官职去开玩笑，毕竟，能够在朝廷为官，是许多读书人的梦想。因为来之不易，更不能轻易放弃。

但对于白居易来说，他早已经不担心自己是否会因此丢掉官帽了，因为他早已厌倦了官场的生活。之所以还在朝为官，不过是因为要养活自己的家人。为官，不是理想的渴望，而是生命的责任。

不出所料，白居易的长假一到期，他就被朝廷革除了苏州刺史一职。再一次被贬的白居易面对这样的结果，既是意料之中，也是意料之外。他早就知道会是这样，却不曾想到当自己知道被贬之后，会如此的淡定。

一次又一次地赴任，一次又一次地被贬，白居易早就看透了，为官自始至终都不是他生活的全部，既然如此，为何不活得潇洒自由一些，为何非要去追求那些转瞬即逝、如流沙一般握不住的东西呢？

想到这里，心胸豁达的白居易出奇的平静，甚至是有些庆幸，庆幸自己可以就此摆脱束缚，趁此机会到各处去游玩，去借宿在寺庙，去同高僧畅聊，去参透禅理。他不必再有任何的负担与包袱，即便是不再为官，家里的资产也足够安度晚年，不必再为生计烦心操劳。

人生难得纵情恣意，更何况是经历了五十年风风雨雨的白居易。甚至，白居易想到了归田，在《想归田园》中他曾说道：

恋他朝市求何事，想取丘园乐此身。
千首恶诗吟过日，一壶好酒醉销春。
归乡年亦非全老，罢郡家仍未苦贫。
快活不知如我者，人间能有几多人？

白居易终于过上了自己想要的生活——吟诗、喝酒、游玩。没有压力的白居易可以自由自在的游玩佛寺，再也不必因为公务而着急返回府衙。借着大好的兴致和机会，白居易再一次来到了武丘寺。

如今的武丘寺，经过了一年的修建，可谓是改头换面，景色甚是美好，前去游玩拜佛的人也是络绎不绝。看着熙熙攘攘的人群，望着宽阔平坦的路途，白居易的心里很是高兴。就连一同游玩的歌姬也都禁不住赞叹白居易为老百姓做了一件天大的好事。听着众人的赞誉，白居易更是兴奋难以，当即要求府内的下人准备酒宴，要与歌姬们再次饮酒欢庆。

几杯美酒下腹，红晕微染，舞姬们柔美舞动，摇曳多姿。看着此时此刻的情景，白居易却不禁悲从中来。他深知自己很快就要离开这里，离开苏州，而这也意味着他要离开现在的友人了。一想到这里，白居易的心中更是依依不舍。情到深处，白居易提笔写下了一首《武丘寺路宴留别诸妓》，娓娓道来自己的离别之情。

银泥裙映锦障泥，画舸停桡马簇蹄。

清管曲终鹦鹉语，红旗影动泼汗嘶。

渐销醉色朱颜浅，欲语离情翠黛低。

莫忘使君吟咏处，女坟湖北虎丘西。

把酒欢唱，舞姿翩翩，没多时，舞姬们就有些累了。在小憩之时，一个歌姬怀抱琵琶演奏了一曲《略略曲》，白居易听得无法自拔，挥毫泼墨写下了《听琵琶妓弹略略》：

腕软拨头轻，新教略略成。

四弦千遍语，一曲万重情。

法向师边得，能从意上生。

莫欺江外手，别是一家声。

夕阳落影，夜幕悄然来临，玩至尽兴，一行人也踏上了返回的路途。回府不久之后，白居易的老友张居士便前来探访。酒至微醺，畅聊甚欢，白居易诗兴大发，当即在酒宴上作了一首诗：

但要前尘减，无妨外相同。
虽过酒肆上，不离道场中。
弦管声非实，花钿色是空。
何人知此义，唯有净名翁。

——《酒筵上答张居士》

尽管白居易欣赏歌姬舞姬，也喜欢把酒言欢，但信仰佛教禅宗思想的他，会把这些世俗声色看得清清楚楚、明明白白。他心中明了，无论是再优美的女子，再动人的声音，不过都是虚无缥缈、不切实际的。佛曰：不真则空。白居易与张居士言辞投机，相见恨晚，或许唯有他能够与自己一样参透这其中的道义吧！

张居士辞别之后不久，白居易收到了次休上人的诗书。诗书中写道："闻有余霞千万首，何方一句乞闲人。"再明显不过，这是把白居易的佳作比喻成云霞，而且这样的诗足足有千万首那么多，既然如此，能不能送一首给次休这个闲人呢？对于次休这样的欣赏与谦逊，白居易心中充满了感动，当即写了一首《答次休上人诗》：

姓白使君无丽句，名休座主有新文。
禅心不合生分别，莫爱余霞嫌碧云。

诗中的谦虚之意表明了白居易的心绪，其实自己的诗并没有什么华丽辞藻，反倒是次休的文章频频出新。如果诗作不与心合一，便会有分歧。那些好坏之分，高低之分也都会由此显现。所以不要只把白居易的诗看成是云霞片片，而忽视了次休宛如碧云一样的词句。

那一日，从东都洛阳来了两位僧人，到苏州府内找刺史白居易。听说是圣善寺来的僧人，白居易马上施礼招待。原来，这两位僧人是圣善寺如信大师的弟子，在长庆四年二月十三日如信大师迁化于寺内华严院，今年又迁葬于龙门奉先寺。为了遵照如信大师的遗嘱，坟墓上不得建庙也不得立碑，只要在坟前立佛顶尊盛陁罗尼一幢，这样既不劳民也不会伤财。而这个幢上的文字记载，如信大师则希望是白居易来题写。所以圣善寺的这两位僧人才会不远千里，亲自来到苏州找到白居易。

对于如信大师，白居易自然很是了解，大师俗姓康，是襄城人，居佛门盟主之位二十二年，弟子数千。曾经他也多次来到圣善寺参谒如信大师，如今如信大师早已圆寂，这样的遗愿白居易理应答应。

在写完《如信大师功德幢记》之后，白居易依旧觉得自己未能将对如信大师的敬仰抒发得淋漓尽致，于是，他又写了一首《感悟妄缘题如上人壁》：

自从为騃童，直至作衰翁。所好随年异，为忙终日同。
弄沙成佛塔，锵玉谒王宫。彼此皆儿戏，须臾即色空。
有营非了义，无著是真宗。兼恐勤修道，犹应在妄中。

白居易对于如信大师的“妄缘”是颇有一番感悟的，大师的那种伟大和坚定就归功于他的妄缘。而回望自己，从懵懂不知的孩提到垂垂暮矣的老翁，虽然时间在变化，岁月在流逝，可自己却还是从前的样子，毫无改变。那些儿戏，在须臾之间都成了一场空。

曾经，他执着于为官；而今，他执着于佛宗。不同的人生阶段，执着于不同的事物。归根结底，现在的白居易，执着的是自由与平静、淡然与安宁。

第八章

禅机：花开两面本寂寥 人生佛魔皆是缘

十月金秋，金灿灿的一片淹没了夏日的翠绿，凋落凄凉代替了葱郁茂盛。转眼间，初冬来临，没有秋季的浮躁，整个世界都格外清爽。一层冰冷寒意，早就不能浸染白居易的心。人生过半后的白居易，心中已经沉淀下了一种厚重温暖的生命力量，可以抵挡一切的严寒。

第一节

半月悠悠在广陵，何楼何塔不同登

他爱江南的美景，这是一个充满浪漫色彩的地方，白娘子和许仙就是在这里相遇、相知、相爱，成就了旷世奇缘。不论他们的故事是不是真实的生活，我们都被白素贞的勇气所感动。从那场烟雨蒙蒙，许仙将他的油纸伞送给白素贞开始，平静的西湖开始有了波澜。他们的爱情惊天地、泣鬼神，但白素贞最后被压在雷峰塔底，遭受着日日夜夜的折磨。

他也爱江南的氛围，像是世外桃源般安谧、宁静。尘世的喧嚣似乎都不忍心打扰这里。那汪幽幽的西湖，那一座座古色古香的寺庙，那喃喃低语的诵经声，曾经让白居易如此的痴迷，他恨不能成为湖水的一滴，融入其中；恨不能放下一切，诚心诵佛。

而如今，江南的美景、美人，江南的诗词歌赋，江南的茶香花香，宁静幽谧，最终都会悄然离开白居易。他要结束这江南的美梦，继续未知的人生之路，尽管这路已然接近时光的尽头。

临别那一天，前来为白居易送行的人络绎不绝，堵满了大街小巷，这般的情景堪比当初他离开杭州时。可再壮观，依旧是送别，依旧摆脱不了残忍的分离。越是人头攒动，白居易就越是不舍。但他知道，自己终究是要离开的，与其恋恋不舍，不如干脆利落。一双船桨慢慢划动，载着白居易的离愁，缓缓前行。

顺水来到广陵，白居易巧遇在此停泊的刘禹锡。多年未见的好友意外相遇，彼此的激动无以言表。豁达坦荡的人，总是那般的真性情，两人当即决定同去游玩。

广陵有一座著名的寺庙，名叫大明寺，对于佛学痴迷的白居易与刘禹锡来说，这自然是不能错过这个游赏的机会。同为诗人的李白也曾游历过大明寺，还为寺中的栖灵塔题诗一首。今日登上栖灵塔，放眼遥望，不禁让白居易感到震撼无比，那样壮阔的景象，让白居易也忍不住赋诗一首《与梦得同登栖灵塔》：

半月悠悠在广陵，何楼何塔不同登

共怜筋力犹堪在，上到栖灵第九层。

好友异地相逢，总是有着太多话要说，好像时光总也不够用，再加上几日的同游，更不舍得分离。正巧此时刘禹锡也被除去了连州刺史一职，正在等待新的任命。于是，二人决定结伴向东都洛阳进发，彼此有好友陪伴，也免去了路上的寂寞无趣。

大和元年（公元 826 年）的正月底，白居易与刘禹锡到了洛阳，安定下来之后，白居易听到了一个令人心痛无比的消息，弟弟行简在去年的冬天因病去世了，遗憾的是，一直在路上的白居易竟然没有得到一点消息。

岁月不饶人，年幼时一起的玩伴和兄弟相继去世，这让年过半百的白居易感到了无限的悲凉。白驹过隙，转眼之间他们都已不再年轻，生离死别将是心中永远的痛楚，或许不知道哪一天，自己也会追随着兄弟们去了。人去楼空，徒留下曾经的美好给后人怀念。

不久之后，白居易回到洛阳的事情就传到了长安城，但就连白居易自己也不曾想到，在生命的末尾，还会迎来更加有利于自己官途的发展。一次朝廷政变没多久之后，好友裴度和韦处厚就拟定了白居易的诏书，召他回朝，出任秘书监。

在唐朝，秘书监是秘书省的最高行政长官，这对于曾做过校书郎的白居易来说是驾轻就熟的，对于秘书监的工作环境也是相当熟悉。政变后再回到都城，白居易也不必担心自己会被卷入朝廷内部的斗争中。无疑，这对白居易来说是一件喜事，他很愉快地接受了这份官职。

三月初春，雨淅淅沥沥，那是上天对草木花朵的恩泽，渐渐地似有似无的嫩绿覆盖了严冬的荒芜。在这样一个充满希望的季节，白居易带着自己的家人再一次回到了长安，回到了自己曾经的家，而白居易的朋友们也都回到了长安。三五好友时常聚在一起，每逢到了闲暇时候，一行人就结伴去山林间游玩，沉淀身心。

最让白居易记忆犹新的是去终南山那次。终南山又名太乙山、地肺山、中南山、周南山，简称南山，是秦岭山脉的一段，西起陕西眉县，东至西安蓝田县，千峰叠翠，景色幽美，素有“仙都”、“洞天之冠”和“天下第一福地”的美称。“福如东海长流水，寿比南山不老松” 中的“南山”指的就是此山。而终南山最著名的则是“南五台”，这五台分别为：观音台、文殊台、现身台、灵应台、普贤台。登上观音台，望着远处的长安城，白居易浮想联翩，拿起笔，一首《登观音台望城》悄落纸上：

百千家似围棋局，十二街如种菜畦。

遥认微微入朝火，一条星宿五门西。

遥看那长安城的百千家星罗棋布，十二条大街把城市分隔得像整齐的菜田。远远望见官员们上朝打的火把，就像是一串星宿一样在大明宫的宫门附近。

登高远望，总是会给人不一样的感受。而站在灵应台上，已经望不见长安城了。顿时，佛教中色空的感觉充满了《登灵应台北望》这首诗中：

临高始见人寰小，对远方知色界空。
回首却归朝市去，一稊米落太仓中。

登上高处，才发觉人的微小；遥望远处，才明白物的空虚。回首归于朝廷政坛，就像是一粒米跌落在了太仓之中，被淹没、被覆盖。

从南五台回来后不久，白居易又来到了长安朱雀门街之东第五街的普济寺。对于普济寺，白居易还是很熟悉的，他曾经与韦处厚一同任官中书舍人，来到普济寺跟从道宗律师接受“八戒”，各自持十斋。

时至当日，白居易已经有八年的时间没有来到这里了。走进道宗律师的法堂，白居易看到墙壁上挂满了前宰相郑余庆、尚书归登、京兆少尹元宗简以及尚书左丞钱徽的诗作佳品。看到这些诗作，白居易才发觉这些都是道宗律师的唱和之作，便觉得道宗律师是一个深谙诗作的诗僧，为此，白居易还特意为道宗律师题写了一首诗：

如来说偈赞，菩萨著论议。
是故宗律师，以诗为佛事。
一音无差别，四句有诠次。
欲使第一流，皆知不二义。
精洁沾戒体，闲淡藏禅味。
从容恣语言，缥缈离文字。
旁延邦国彦，上达王公贵。
先以诗句牵，后令入佛智。
人多爱师句，我独知师意。
不似休上人，空多碧云思。

——《题道宗上人十韵》

作为诗人，白居易觉得写诗就应该像道宗律师这样，一来是以诗的语言形式吸引读者，二来则是要让读者进入到佛教的智慧当中。

彼时的白居易对于佛教的痴迷程度，早已经到了尽人皆知的地步了，他不仅对于佛学潜心研究，其本身也是一个深受儒家思想熏陶的士大夫。除此之外，他还对道教也比较感兴趣。在众人眼中，白居易就是一个集大成者，在官场中合理地运用着儒家的中庸思想，被贬官后却懂得用佛学开导自己，在看透了官场的争斗后，又可以功成身退，享受着道家无为而治的思想所带给自己的欢愉。

时光匆匆，倏然划过，这段时间白居易的生活可谓是从没有过的安宁顺和，他不用为生活发愁，也并无过多的官场烦忧，可以尽情地沉浸在佛理禅宗的海洋，汲取自己所需的能量。

幽幽时光下，一份难得的宁静让人暂时忘却了过去的烦恼与未来的担忧。静下心来，饮一口酒香，画一笔花开，写一首诗词。在恣意的日子里，与众花同乐，与群鸟同喜，不要再伤心，不要再忧郁。

第二节

更无寻觅处，鸟迹印空中

徜徉在佛法的海洋里，白居易感觉到自己在被慢慢地净化，由内而外，由表及心，他似乎感觉到那些红尘的苦难在一点一点地被剥离，而与此同时，自己的灵魂越发轻飘。这个时候的白居易才明白，原来从追求到迷惘，再到放下，这一生的追逐，都是为了让心灵走向佛陀之路，找寻真正的寄托。

某日，东都洛阳圣善寺住持智如大师来访，这让白居易高兴不已。他请智如大师下榻家中，二人促膝长谈，夜以继日。他在《与僧智如夜话》一诗中提到：

懒钝尤知命，幽栖渐得朋。

门闲无谒客，室静有禅僧。

炉向初冬火，笼停半夜灯。

忧劳缘智巧，自喜百无能。

因为进入了冬季，白居易住的地方又偏远，所以，很少有客人来访，只有智如大师与他一起夜话禅机。一字一句，在那无边的幽夜里轻吐，却带着厚实的生命力量，浸润他的生命。

不久之后，白居易便奉命出使东都洛阳。这一次的辗转，并无漂泊之感，也没有贬官的凄凉，更多的是几份惬意与自在，就如同一次漫不经心的旅行。由于差事并不紧急，所以他可以从容地欣赏风景，也可以体会到漫步人生的快乐。随着心意走走停停，那般惬意的心情，不可言说。

等白居易赶到了洛阳，已是这一年的年底了。洛阳的朋友们听说白居易回来了，都纷纷前去拜访，昔日友人相聚，一起把酒言欢，诉说着各自的悲欢故事，在回忆与感慨中，他们尝尽了人生百味。

命运得失，有一种很奇妙的规律。你越是想要紧紧抓住的，就流逝得越快。反而当你放下的时候，会发现曾经的渴望，就在脚下，俯拾即是。就像白居易，当他将官场看淡后，却在仕途上平步青云，而今已近花甲，他又迎来了一份要职。大和二年（公元 828 年）二月，朝廷下诏，白居易由秘书监除刑部侍郎，并封晋阳县男爵爵位。刑部侍郎是刑部尚书的副手，协助尚书处理刑部事务，手中权力颇大。因为职位极为重要，朝廷命他马上赴任，白居易也不得不告别洛阳的好友，奔赴长安。

被如此重用，如若是换作年轻时的白居易，定会激动一番，可是经历过风雨之后的他，心中并未太过欣喜，反倒是因为刑部的事务繁忙，几乎没有游玩的时间，白居易长久以来的宁静被打破，或多或少都使他的身心有些无所适从。

人生还真是起伏不定，谁能想到，一条曾经闪闪发光的功名路，对于一生追寻官名的白居易来说，却着实有些暗淡了。不知何时，他的心、他的魂，都缠绕在了山林泉石间，他希望心头不留任何尘世间的东西，“终是不如山下去，心头眼底两无尘”。

不论眼前途径如何光明，也不管脚下的道路如何的平坦宽阔，白居易都能以佛教中的“空幻”来看待事物、对待事物。《观幻》一诗就很好地表现白居易此时的思想：

有起皆因灭，无睽不暂同。

从欢终作戚，转苦又成空。

次第花生眼，须臾烛过风。

更无寻觅处，鸟迹印空中。

佛家的“缘起论”成了白居易“空观”的思想积淀。漫漫人生，从欢乐转为了悲哀，从苦转为了空虚，无声无息，不留痕迹。只是蓦然回首间，一切都成了惘然。

随着时间的流逝，好友相继去世，自己的身体也每况愈下，这些都让白居易忧心忡忡，他开始担心自己的未来。对于白居易的担忧，家人十分理解，并劝说他离开长安这个是非之地，远离天子脚下，总是能安宁一些。

就在白居易找理由向朝廷告假的时候，悲伤的故事从未停歇。

大和三年（公元829年）正月，白居易的朋友中书韦处厚、京兆尹孔戢、吏部尚书钱徽、华州刺史崔植相继病故，半月之内四人相继而去，让白居易感到前所未有的担忧，甚至是恐惧。他终于下定决心离开长安。与以往不同的是，这一次离开长安，白居易的心中充满了欢喜。这座曾经在他梦中闪闪发光的繁华都城，如今已经成了他的精神牢笼，他迫切地渴望离开，去追寻自己内心渴望的宁静。

初春三月的下旬，白居易百日病假也结束了，照例，他的刑部侍郎一职被朝廷免去，分司东都洛阳。而这样的结果，正是他心中所期盼的。白居易的妻子很快就收拾好了行装。裴度、刘禹锡、张籍三人为他举办了饯行的盛宴。

推杯换盏，酒至微醺间，尽是离别词，可是，同样是离别，这一次白居易的心中却并无太多愁苦。这其实是一种精神回归、一种解放，是自由的归还。往日经历的诸多，都让他看到了自己内心的深处，没有人比他自己更了解自己，其实他真正渴望的是安静地度过余生，他只想远离朝廷官场的血雨腥风，享受宁静岁月。

如白居易所愿，安逸的生活逐步在他的生命中展开，尽管是那样地平铺直叙、毫无生机。但对于白居易来说，这才是他追求一生想要的结果。人生何处是皈依？这一次，他找到了正确的答案。

第三节

寻云到起处，爱泉听滴时

一年又一年，再美的景色也抵不过时间的流逝，那一去不复返的决绝，让人们的心中徒生无限悲凉。

大和四年（公元 830 年），朝廷党派之间的你争我夺继续上演。武昌节度使牛僧孺入朝，宰相李宗闵升为兵部尚书，李德裕一党却在此次的党派之争中完败，被排挤出了朝廷。而曾经的好友元稹也因为曾受到过李德裕的提携而被新上任的宰相贬为了武昌刺史。

身在洛阳的白居易庆幸自己远离了长安城，没有卷入这场党派的斗争中。然而虽身处事外，那些同朝为官的大臣们，无论他们当中谁受到伤害或是遭到贬谪，都是白居易所不愿看到的。

朝廷的争斗硝烟弥漫，而白居易却沉醉在美景与佛海之中，心无旁骛。这是白居易人生两大不变的主题。整日沉醉于惬意生活的他不想再与朝廷有任何瓜葛，他已经厌烦了官场的生活，他需要的只是一片净土而已。

于是，三月份，白居易独自游览了玉泉寺。不得不说，这个时节真是一个最好的选择，三月份的石榴花鲜红地绽放，独自欣赏着石榴花，一首《独游玉泉寺》已然成型于心中。

云树玉泉寺，肩舁半日程。更无人作伴，只共酒同行。新叶千万影，残莺三两声。闲游竟未足，春尽有余情。

四季交错，盛夏时节的洛阳城内无法再居住了，所以白居易便来到了洛阳城外的香山。香山上有一座寺院名叫香山寺，是龙门十寺中最著名的寺院。寺院里面的石楼边，有一个龙潭，潭水清凉澄澈，炎热的夏季，倘若能用龙潭水清洗一番，必定是惬意舒爽的事情。白居易的《香山寺石楼潭夜浴》就记录着这样的情景。

炎光昼方炽，暑气宵弥毒。摇扇风甚微，褰裳汗霡霂。
起向月下行，来就潭中浴。平石为浴床，洼石为浴斛。

绡巾薄露顶，草屦轻乘足。清凉咏而归，归上石楼宿。

转眼凉秋到来，没有了夏季的炎热，似乎更适合游览观赏。这一年的秋天，白居易来到了平泉庄游玩。在这座平泉庄里，住着一位处士韦楚，滋味不接于口，尘埃不然其心，二十余年隐居山林，多少有一些名气。而平泉庄的西面有一寺，闲禅师便居于此。二人听说白居易来此地，当即十里相迎。白居易很是高兴，随即写下了《秋游平泉赠韦处士、闲禅师》：

秋景引闲步，山游不知疲。杖藜舍舆马，十里与僧期。

昔尝忧六十，四体不支持。今来已及此，犹未苦衰羸。

心兴遇境发，身力因行知。寻云到起处，爱泉听滴时。

南村韦处士，西寺闲禅师。山头与涧底，闻健且相随。

从诗中我们不难看出，此时的白居易身体状况良好，即便是游览了一番之后仍然不觉得疲倦，依旧能健步相伴于韦处士和闲禅师左右。

只是在这不久后，朝廷的诏书还是下达了，牛僧孺等人感念当年的恩情，授白居易为河南尹。这个职位在当地是拥有相当高的地位，并且俸禄丰厚，权力范围也很大，既可以远离皇城，又可以不必担心收入，不必为生计苦恼，这一切都是白居易最初所期盼的。

毕竟经历了这么多年的辗转与漂泊，如今的白居易再也没有在苏杭两地任刺史时的那份斗志了。他想要为百姓谋福利的想法依旧不曾改变，但却着实感到力不从心。一个饱经风霜的老人，此刻需要的只是一份安逸。于是，白居易将自己剩余的全部精力都放在了修筑自己府邸上，他想在这个山清水秀的地方为自己创造一个舒适的环境，能够让自己安享晚年，不再过问外界的一切。

生活不怕索然无味，怕的是突遭晴天霹雳，那种让人心痛的措手不及是一般人无法经受的。花甲之年的白居易却突闻唯一的继承人阿崔离世的噩耗。阿崔是他的小儿子，年近花甲的白居易本来以为自己后继有人，谁知竟要白发人送黑发人，到头来只留给自己莫大的悲痛。

白居易很长时间内都无法接受这个残酷的现实。痛苦难耐时，他只好给元稹写信，以此来求得安慰。好友刘禹锡等人听到了这个消息后，也都纷纷来信劝导白居易节哀顺变，不要过度悲伤，毕竟生死之事，无法预料。

痛苦总会随着时间的推移而淡忘，心中的伤痕也迟早会被岁月抹平的。但命运又开始将这个花甲老人玩弄于股掌之中，刚从丧子之痛中回过神来的白居易却再次被噩耗打击得不知所措——老友元稹在武昌任职期间突发疾病，与世长辞。好友往日的风采依旧晃动在眼前，但从今后，这个世界就再也没有他的故事了。他像风一样，在白居易的生命中轻轻离去，却给了白居易生命重重地一击。

白居易与元稹相识于儿时，元稹也比自己小几岁，算起来他与元稹相识也有几十年之久了，对于佛理深有体会的白居易曾将他与元稹的关系比作形与影的关系。而今，形还在，影却独自离开。形只能孤零零的，独自哀伤。悲痛中，白居易为老友元稹写下了祭文，以此来送元稹的最后一程，向他做了生命最隆重的告别。今生彼此间的故事已经走到了终点，那些未完的心事，只能等来生再来诉说。

料理完元稹的丧事，转眼间已经是大和六年（公元 832 年)。这些年的洛阳收成不错，社会环境也是稳定和谐。而这一年，“瑞雪兆丰年”的大好寓意在初春就表露无遗。醉心美景的白居易怎能放过眼前的美好，于是便借此机会邀请洛阳各界名流来家中饮酒赏雪。

洛阳一片安定祥和之景，作为当地长官的白居易自然也可以暂时安心地享受一下生活了。那时，他最常游历的莫过于香山寺。

洛阳有十所后魏时期所建的古刹，其中最著名的要属奉先寺和香山寺了。到了中唐时期，香山寺也逐步走向了没落，白居易每当游历到此地时，都不禁慨叹此地昔日的风景是何其幽美，与这宁静淡雅结合得恰到好处。

七月初，元稹的灵柩要迁到咸阳去了，相识几十载的老友要永远地离开了，就算以后想要拜祭，也要远走他乡了。所以，身为好友的白居易为元稹写了《墓志》，来寄托自己的哀思。惋惜之余，白居易不忘拿出元稹托人带给自己的，为其撰写墓志铭的酬金来重修香山寺，也算是为元稹积累功德。

八月一日，历时三个月的重修香山工程顺利竣工了，白居易欣喜地写下了《修香山诗记》：

洛都四野山水之胜，龙门首焉。龙门十寺观游之胜，香山首焉。香山之坏久矣，楼亭骞崩，佛僧暴露。士君子惜之，予亦惜之，佛弟子耻之，予亦耻之。顷予为庶子宾客分司东都，时性好闲游，灵迹胜概靡不周览，每至兹寺，慨然有葺完之愿焉。迨今七八年，幸为山水主，是偿初心、复始愿之秋也。似有缘会，果成就之……

独坐在修筑一新的香山寺中，虽然眼前充斥着美景，但毕竟无法还原这香山寺最初的模样了。身边的朋友，也将逐渐消失在生命中，物是人非，就好似一路走来，我们丢掉了最初的纯真，也遗失了曾经的挚友，路途的终点，等待我们的只有无尽的孤独，亘古绵长……

岁月如歌，静默着，静默着，风干了双眼，迷失了你我，窗外透过来温暖的日光给予我们无限炫目的幸福，栖息在漂泊的心上。此时撒落了一地的幸福又带着怎样的情绪？

还没能从亲人朋友离去的悲伤中走出来，命运就再一次让这种痛苦加深。就在白居易送走元稹后不久，他就接到了吏部尚书崔群逝世的噩耗。白居易与崔群不仅仅是同僚，也是十几年交情的老朋友。他们不仅同朝为官，年纪相同，在白居易两度处于低潮的时候，也都是崔群给予他最大的支持和帮助。这样的情谊，是白居易永生难忘的；这样的痛楚，也是白居易无以言表的。

别离是伤感的，那滋味有着千万种不同，有悲伤，有无奈，有不舍，有惋惜，有绝望。理不清的种种哀愁，无处可诉的情绪，在永别的那一刻都会化作一个个文字，浮于纸上，炼成了千古传诵的佳句，酿成了蕴含百味的诗词。

身边的亲人朋友相继离去，就连府里的歌姬、舞姬也离开人世多年。伤感之余，白居易写下一首《府酒五绝·谕妓》：

烛泪夜粘桃花袖，酒痕春污石榴裙。

莫辞辛苦供欢宴，老后思量悔煞君。

看惯了太多的离别，才知道离去后那一段回忆是思念的祭奠。离别是痛苦的，回忆是幸福的。那根让人痛苦的神经不停地痉挛着，伴着酸楚的泪流进心房，晕染了回忆的点点滴滴。我们总是有着许许多多难以割舍的情怀，我们总是有着必须割舍的故事，就在那念念不忘的岁月里难以忘却，直到被遗忘的渐渐深入心骨。

离去的人就让他离去，留下的却人还要继续。僧人朋友们不忍心看着白居易这样伤感颓废，便在秋高气爽的九月，邀请他一同游玩嵩山，也借此释放一下伤痛的心情。

这一次的嵩山之旅，主要是游览寺庙。一行人来到了龙潭寺，当晚就住在了那里。夜晚的龙潭寺寂静无声，空中繁星闪烁，飘着丝丝浮云，安详沉谧，让人宁静舒心。

在游览龙潭寺后，白居易和朋友们还来到了著名的少林寺。少林寺位于嵩山南麓，背依五乳峰，周围山峦环抱，峰峰相连，错落有致，形成了少林寺的天然屏障。少林寺有着“禅宗祖廷，天下第一名刹”之誉，是中国汉传佛教禅宗祖庭，始建于北魏太和十九年（公元 495 年）。三十二年后，印度名僧菩提达摩来到少林寺传授禅法，敕就少室山为佛陀立寺，供给衣食。此后寺院逐渐扩大，僧徒日益增多，少林寺声名大振。达摩被称为中国佛教禅宗的初祖，而少林寺则被称为禅宗的祖庭。一时兴起的白居易，还作了一首诗：

山屐田衣六七贤，搴芳蹋翠弄潺湲。九龙潭月落杯酒，三品松风飘管弦。

强健且宜游胜地，清凉不觉过炎天。始知驾鹤乘云外，别有逍遥地上仙。

——《从龙潭寺至少林寺题赠同游者》

彼时的白居易身体状况还算不错，还能够自由自在地游玩，他觉得自己就像是神仙一样舒心。借着兴致，白居易又来到了法王寺。相传法王寺是东汉明帝刘庄在永平十四年（公元 71 年）创建的，是中国最早的寺院之一，可谓是历史悠久。白居易在法王寺游览一番后，天色已经暗了下来，有僧人觉得月色皎洁，便建议趁着夜色去岳寺。岳寺又叫作嵩岳寺，在太室山的南麓，地势要比法王寺低，所以白居易并不觉得累。夜深人静的夜晚，走在蜿蜒曲折的山路上，总是会惹出许许多多的遐想。白居易一边走，一边咏出了《夜从法王寺下归岳寺》：

双刹夹虚空，绿云一径通。
似从忉利下，如过剑门中。
灯火光初合，笙歌曲未终。
可怜师子座，舁出净名翁。

听从了僧人朋友的建议游历嵩山，还真是尽兴而归。只是生活的残酷，怎么能如此轻易地就从波澜变成了宁静？

就在这一年的十二月份，白居易再一次接到了朋友离去的噩耗——循州司户杜元颖病逝，那颗刚刚得到宽慰的心再一次陷入了悲痛。杜元颖与白居易是同一年的进士，关系甚是亲密，如今却没想到友人会突然地离开自己。六十一岁的白居易在震惊的同时，也真真切切感觉到了死亡的威胁。

生命中的悲欢离合，是我们不能避免的，就像那天上的月亮，有完满的时候，就有缺损的时候；亦如那奔腾的海水，有涨潮的时候，就会有退潮的时候。

如同流光总是那样的公正，它从不会对某一个人分外照顾，岁月的河，只能匆匆向前，不能退后半分。流光中的白居易已经不再是一个无知的少年，如今，他已经从青涩懵懂岁迈向了花甲之年。

也许，骨子里的白居易还是希望自己可以返老还童，希望时间可以静止，但这也只是美好的愿望。时间不会因为某些人的意愿而真的暂停，我们也不能偏心地认为自己就是那个独一无二的宠儿，对于那些无可奈何的事，只希望心中的那份美好会恒久不变，如此而已。

第四节

少有人知菩萨行，世间只是重高僧

大和七年（公元 833 年），春节将至，洛阳当地的群众都沉浸在春节的喜庆氛围中，而唯独白居易却无法被这氛围所感染，因为他还沉浸在朋友相继离世的痛苦中。

如今的他再也不用为了生计而忧愁，剩余的财产已经足够他安享晚年了。此时这位已经看惯了世事变幻的花甲老人，觉得一切都是虚幻，追逐了一生的名利，都将随着一个生命的陨落而变得失去了意义。白居易打算辞去河南尹一职，回归山林度过自己的余生，永久地陷入宁静。

朝廷中并不是每个人都像白居易一样，期待一份属于自己的平静与安逸。那个时代的士大夫都觉得不论任何时候，只有官场才是展现自己，成就理想的地方，因此都不遗余力地在官场上为自己拼得一席之地。

二月初，李德裕回朝，与牛、李二人的党派斗争再次鸣起号角。此时的白居易已经对朝廷中残酷的争斗失去了兴趣，于是便以身体多病为由，辞去了河南尹一职。

不久之后，长安终南山宗密上人便来拜访白居易。白居易欣喜若狂，因为他早就听说了宗密上人的威望。宗密禅师曾经在长安华严寺学习过华严教义，成了华严的五祖，而且他还广收禅宗言论，主张禅教一致，这在当时的影响很大。与宗密上人接触几日后，白居易便觉得宗密上人学识渊博、教义精湛，由衷地感到钦佩。而宗密上人也对白居易这位诗人对佛教的独特理解深感佩服。有时候二人相对静坐，或是高谈阔论，或是静默无言。临别时，宗密上人希望白居易能够给自己写一首诗，于是白居易写道：

吾师道与佛相应，念念无为法法能。
口藏传宣十二部，心台照耀百千灯。
尽离文字非中道，长住虚空是小乘。
少有人知菩萨行，世间只是重高僧。

——《赠草堂宗密上人》

世人看重的只是有没有神通、有没有皇封，或是否活了百多岁这样的“高僧”。其实，高僧是僧人们行菩萨行所表现出来的总体的外观形象，但之所以成为高僧的菩萨行这个“因”，的确是少有人知，众生重果不重因。在白居易看来，宗密上人可以称得上是他的师父，而圭峰宗密大师呕心沥血，花了毕生的精力致使禅教合一，这样的菩萨行人们却看不到，还招致一些“落入文字”的非议，那简直是无知至极。

自从辞去了河南尹一职后，白居易也逐渐远离了尘世，向佛寺和僧人靠拢。白居易早就与佛寺有着不解之缘，在他看来，供养僧侣的最好物品就是窗外那如诗如画的美景。

那一日，白居易再一次独自来到香山。在洛阳的十八年，白居易早就与香山寺结下了不解之缘。一座普通的庙宇，它并没有什么神奇的地方，但却吸引了白居易的目光，让他此生这般地爱慕着它。或许这就是佛家所说的缘分，有缘分的人或物不论隔着千山万水，就算历经千辛万苦还是会相遇，成为彼此的需要与牵挂。他就是这样深深地热爱着香山寺，不论是金钱的投入还是感情的投入，都让人感动。

只有在香山寺里，白居易才能感受到自己的灵魂，已经完全与那个尘世脱离。他享受这种逍遥的生活，闲来坐在山头看看天上的浮云，感受清风拂面的温柔。他将自己今后的生命都与这座古寺紧紧地联系在了一起，同生死共命运。

所以，白居易才不遗余力地修缮了香山寺，而这里也成了白居易后半生主要的栖息之地。他基本上有一半的时间都在寺庙里度过，与住寺的僧人们一起聊天讲经，通晓了大道理，那些小恩怨也就慢慢遗忘了。到了这个年纪，该放下的东西也就慢慢放下了，不该执着的事情渐渐放弃了。

人生走到晚年，白居易开始悟禅，也是他人生一个新的阶段，曾经执着于仕途的他，在经历了多次的打击之后，便开始慢慢看淡功名，而香山寺就是他悟禅的地方。一代香山居士完完全全沉浸在了佛教的浩瀚海洋里，他将自己生活的重心放在了乐善好施上，修缮寺庙和险滩，只为自己内心的安宁以及造福于后世的慈悲心。

其实，归根结底，白居易一直都在生命中找寻一个安静的角落，努力感受着自己的灵魂，用文字堆砌成一座堡垒，笑看走过的云淡风轻。他愿倚在时光的寂静深处，让淡淡的人生如溪水一般潺潺而过。

闭上眼睛，静静聆听树叶归于尘土的声音，轻触地面，发出几声犹如山谷间清泉碰触岩石的清脆响声，让人感觉好似走在空旷的山间，与房间内的嘈杂截然不同。我们无法时常沉浸在这静谧中，无法穿透宿命的前尘，越过黄泉的无奈。那淡淡的哀愁、浅浅的忧伤永久地充斥在我们的心头。

花甲之年的白居易已经学会了笑看朝廷中的风云变幻，他深知朝廷终将会在不断地斗争中向前推进的，这就是历史的演变，无论你是否身处其中，都是这历史中的过客，在时代的更迭中体会着作为世人的悲哀。

朝廷中人事怎样变动，都与这个年过六旬的老人无关了，他需要的只是适意的生活，一个能让他继续徜徉佛海的机会以及一种参禅悟道的境界。

他一生看了太多别人的故事、他人的遭遇，每一次他都会认真聆听，细细思量。将自己的见闻用诗句记录下来，才有了后来那么多名诗名句被后人传颂。他的经历决定了他对待事物的态度，只有看尽了离合悲欢才会这样坦然。有万贯家财，也得精力和时间去享受，只怕金山银山尽是空。

人生能够如此，他已经觉得满足了，那些战乱、灾祸并没有将他的生命夺走，也没有令他一蹶不振，最后，他还是坚强地活了下来。他一生之中虽没有经历什么大的富贵，也算是衣食无忧，每年朝廷的俸禄足够他的生计，还有一些盈余。他也不曾想要过多么富贵的生活，所以在金钱方面他从来没有挣扎过。有的人一生都成为金钱的奴隶，那样的人是悲哀的。他们从来没有自我，不知道人情温暖的感觉，看似风光的背后只有冷漠、麻木。以致其弥留的那一刻除了用不完的钱，其他什么都没有。

而想自己这一生，可以游玩，可以舞蹈，可以赏花悟禅，可以饮酒对诗，不用再去理会朝廷的尔虞我诈，不必再去担心未来的仕途，这样的淡然，怕是有些人一辈子也体会不到的幸福。怡然自得的老年生活，几杯美酒，三五好友，没有比这更加安逸的了。

生命走到七十岁的高龄，白居易也慢慢看透了生死，曾经惧怕死亡，虽然这只是一个俗世、浊世，但是却是这样令人留恋，或许只是留恋这个世界上的人与情，只有这些才是最让人难以割舍的。这一生他受尽了创伤，前半生只有一个女儿，老来得子，却又早夭了。丧子之痛想必是人生最大的伤痛了，他心中的痛苦可想而知。

他的诗中并没有提及这件事情，或许是这样过于伤痛的事情直到死亡的那一刻他都不愿想起。或许对于任何事情都不能抱有太多的希望，当他极度渴望得皇帝的赏识时，他努力表现自己的才华，竭力要做一个好官，最后终于得到了皇帝的垂爱。但是，好景不长，他最终还是被那个他寄予厚望的人抛弃。那个时候的失望与伤感又有谁知道？男儿有泪不轻弹，当看见琵琶女时他就落泪了，这不仅是对那个女子的同情，还有对自己的怜惜。

经历了那么多伤痛，只要没有一蹶不振，终究会看透这个世界的是是非非。大悲无泪，大悟无言，大笑无声。能够表现出来的情感并不是最深沉的，只有那些深深埋藏的情绪才是最撕心裂肺的。当时间的脚步碾过岁月的裙角，那些曾经的血泪和欢笑变得索然无味，他已经记不清当时为何如此执着。步入古稀之年，不知道是年龄摧残了人的记忆，还是时间抹杀人的情感，很多事情逐渐变得模糊，只剩现在这个躯体，还有什么不能失去的？

可悲啊，可悲啊，可就连仅剩的躯体，也在日渐残败。晚年的白居易，身体一直不好，每日要喝一些汤药，医生叮嘱的事情，他很少能够记在心里。他总是我行我素，不知道自己还有多少时间可以活，所以他很豁达。这种心态反而是最利于养生的，佛家的参禅悟道亦是一种修身养性的方式，只有平静的心才是长寿的秘诀。

虽然他一直有病在身，但是他的精神却是非常好。他经常与友人一起爬山、吟诗，游历大山名川。他是一个懂生活的人，他知道每天无所事事就是浪费时间，他一直在给自己寻找乐趣，快乐的心境让他更加容光焕发。那些比他年纪还小的人一直都羡慕他的精神头，不得不佩服，这个倔强不服老的人。

后来的后来，白居易开始将自己家中的马儿卖给别人，将家中侍候他的歌姬也都遣散了，那些他已经不再需要，也不想让她们跟着自己受苦。他将自己毕生的积蓄留足家用之后，都逐渐捐献给了周围的百姓。这样的人怎能不让人敬佩？他想为后世开太平，虽然他的力量有限，但是若是将这些善举都汇聚起来，那将是一股强大的力量。他希望自己的行为能为成为众人的表率，能让更多的人受到庇佑。后人中也有很多诗人抒发了自己的情感，他们将白居易当成自己的榜样，百姓的安慰就是自己最大的心愿。

直到会昌六年（公元846年）八月的一天，这位饱经沧桑的老人最终安详地闭上了双眼，去往他曾经一心向往的西方极乐世界了，就好似白居易远赴了一场美妙的梦境。梦中的他终于可以和那些阔别已久的老友们相聚了，在另一个世界里，他们把酒言欢，吟诗为乐。他再不用为官场之事烦恼，他终于真正到达了那个属于他的宁静之地，那里有他爱的美景，也有曾经痴缠半生的湘灵，更有他挚爱的父母……

他走了，这是每个人的必经之路，他并不知道自己的名字会让世人记住；他也不知道自己的雄心壮志，以及善举能被世人赞美，他还为后世留下了很多脍炙人口的名诗名句。他的一生历尽了艰辛，但是却是成功的，因为他是一个被后人赞美的诗人，一个好人、好官。这是多少人梦寐以求的结局，只有他——白居易将自己的名字永远地留在了浩瀚的历史长河里。纵观整个历史，他只是轻轻的一笔，但是却是恢弘的一笔。

一代文坛巨匠铸就了属于他的光彩，留下了无数感人的诗篇，即使生命终止在了七十五岁的这一节点之上，但谁又未曾感受到，这位老人将带着他那颗淡泊之心微笑着向自己心中的净土缓缓走去。

后记

白居易出生在千年之前的唐朝中叶，极尽繁华的唐朝已经成为过往，十几岁的他就深受战乱之苦。“离离原上草，一岁一枯荣”，当作这首诗的时候，他便开始踏上了仕途的道路。初入官场，他的才华已经受到了赏识，这给予了他以后的生活极大的鼓舞。

他的前半生一直在官场上奋斗。二十九岁进士及第，三十六岁入朝为翰林学士，拜左拾遗。他积极参与朝政，敢于向歪风邪气挑战，直言不讳。在那个世风日下的时期，这样的人必将受到排挤，让人欣慰的是一路走来，他的仕途还算平稳。在周至任县令时，他以自己的所见所闻写了很多脍炙人口的诗句，多是反映百姓艰辛的生活。这一时期的诗句都是呼吁统治阶级关爱百姓、希望百姓能够安居乐业的诗句。四十四岁时，他遭贬，这沉沉浮浮的人生，也让他渐渐释然。从伤心落泪到慢慢看开，柳暗花明。自此他便开始“宦途自此心长别，世事从今口不开”。

花开生两面，人生佛魔间。执着了大半生的信念或许也会在瞬间放下。心中沉重的担子没有了，他开始为自己生活。古稀之时，他解甲归田，过上了真正的田园生活，无忧无虑，或许人生最后的几年才是他一生之中最快乐的时刻。他广结善缘，为百姓做了很多好事。“我身虽殁心长在，暗施慈悲与后人”，他定将被历史铭记。

而历史记住的不仅仅是他卓越的才华，更是他那颗散发着金子般光芒的心灵。

他的诗句拉近了我们与那段历史的距离。数千年之后，我们仍然欣赏他、崇拜他。此刻，书已写尽，感慨未完，我们的对诗人的敬仰，将在时光的长河中，在中华民族的血脉里，脉脉流淌，永不停歇。